स्टार्ट अप

गाइड

स्टार्ट अप
गाइड

राकेश वर्मा

वाणी बिजनेस
उद्योग, तकनीक व अनुसंधान को समर्पित उपक्रम

4695, 21-ए, दरियागंज, नयी दिल्ली-110 002

फ़ोन : +91 11 23273167, 23275710

शाखाएँ

अशोक राजपथ, पटना-800 004, बिहार

कॉफ़ी हाउस कैम्पस, महात्मा गांधी मार्ग, प्रयागराज-211 001, उत्तर प्रदेश

महात्मा गांधी अन्तरराष्ट्रीय हिन्दी विश्वविद्यालय, वर्धा-442 001, महाराष्ट्र

sales@vaniprakashan.in

vaniprakashan@gmail.com

Startup Guide

by Rakesh Verma

ISBN : 978-93-89915-09-9

Self Help

मूल्य : ₹ 195

जी.एस. ऑफ़सेट, दिल्ली-110 095 में मुद्रित

वाणी प्रकाशन का लोगो मक़बूल फ़िदा हुसेन की कूची से

अनुक्रम

अध्याय 1

स्टार्टअप

ग्राहकों और बाज़ार की ज़रूरतों के अनुसार किसी नये प्रोडक्ट, सर्विस, प्रोसेस या प्लेटफ़ॉर्म पर आधारित एक नये और तेज़ी से प्रगति करने वाले उद्यम या व्यवसाय को स्टार्टअप के रूप में जाना जाता है।

वर्तमान युग में पूरे विश्व में राष्ट्र के निर्माण एवं अर्थव्यवस्था की प्रगति के लिए स्टार्टअप्स को अत्यन्त महत्त्वपूर्ण माना जाता है। इनसे देश की अर्थव्यवस्था में तो मज़बूती आती ही है, रोज़गार का सृजन भी होता है। नये उद्यमों की सफलता से स्वदेशी नवाचार (इनोवेशन) और तकनीक (टेक्नोलॉजी) को भी दीर्घकालीन लाभ और प्रोत्साहन मिलता है। पिछले कुछ वर्षों में भारत में स्टार्टअप्स का परिदृश्य तेज़ी से बदला है और इसमें उत्साहजनक वृद्धि हो रही है।

एक स्टार्टअप, जन्म से परिपक्व (मैच्योर) होने तक अनेक चरणों से गुज़रता है और हर चरण में नयी चुनौतियों का सामना करना होता है। स्टार्टअप शुरू करने से पहले, आइए संक्षिप्त में यह समझते हैं कि एक स्टार्टअप के जीवन–चक्र में कौन–कौन से प्रमुख चरण होते हैं।

सबसे पहले उद्यमी द्वारा व्यवसाय की सफलता की सम्भावना वाले अवसर या भावी ग्राहकों की किसी समस्या की पहचान की जाती है। उस अवसर का लाभ उठाने या समस्या का हल प्रदान करने हेतु व्यवसाय से सम्बन्धित गतिविधियों को अच्छी तरह से परिभाषित किया जाता है और व्यावसायिक योजना (बिज़नेस प्लान) तैयार की जाती है। इस चरण में उद्यमी के लिए मेंटर या मार्ग–प्रदर्शक की सहायता महत्त्वपूर्ण होती है। इस स्तर पर फण्डिंग की बहुत आवश्यकता नहीं होती है, और आमतौर पर संस्थापक स्व–वित्तपोषण (सेल्फ–फाइनेंस) करते हैं।

वाणिज्यिक उत्पादन से पूर्व उद्यमी युक्तिसंगत परिकल्पनाओं के आधार पर अपने विचार या प्रोडक्ट का 'प्रोटोटाइप' बनाता है। इसको बनाने के लिए आवश्यक अनुसन्धान व विकास के लिए सरकारी वित्तीय सहायता लेना उचित रहता है। इस प्रोटोटाइप प्रोडक्ट या सर्विस पर फीडबैक के लिए शुरू में उपभोक्ताओं की एक छोटी संख्या को भेजा जाता है। इस स्तर पर इनक्यूबेटर्स शुरुआती ग्राहकों को पहचानने और सम्पर्क करने तथा न्यूनतम व्यवहार्य उत्पाद (मिनिमम विएबल) प्रोडक्ट बनाने में सहायक होते हैं।

तीसरे चरण में प्रोटोटाइप पर उपभोक्ताओं और मेंटर्स से मिले फीडबैक के अनुसार प्रोडक्ट या सर्विस की माँग का पता चलता है। इस फीडबैक के आधार पर अपने प्रोडक्ट के प्रति वर्तमान उपभोक्ताओं की रुचि को बनाये रखने और अधिक उपभोक्ताओं को आकर्षित करने के लिए उद्यमी को अतिरिक्त फंड्स का प्रबन्ध करना होता है, जो सरकारी स्रोतों और एंजिल इन्वेस्टर्स से प्राप्त किये जा सकते हैं। इस चरण में प्राप्त होने वाले फंड्स बहुत महत्त्वपूर्ण होते हैं, क्योंकि यदि इस स्तर पर पर्याप्त मात्रा में फंड्स न मिले तो उद्यम के विफल होने की सम्भावना बढ़ जाती है।

चौथा चरण तब शुरू होता है, जब बिज़नेस की अधिकतर प्रक्रियाएँ परिभाषित हो चुकी होती हैं और बिज़नेस भली–भाँति स्थापित हो चुका होता है। अब बिज़नेस में वृद्धि और संवर्धन करने का समय है। उद्यमी विभिन्न भौगोलिक बाज़ारों में बिज़नेस के विकास और विस्तार के अवसरों की तलाश करते हैं। इस विस्तार के लिए आवश्यक फंड्स का प्रबन्ध संस्थागत निवेशकों, जैसे–वेंचर कैपिटलिस्ट और अन्य स्रोतों से किया जाता है।

कई निवेशक, प्रमोटर और संस्थापक अपने स्टार्टअप या उद्यम की आंशिक या पूर्ण बिक्री के माध्यम से निकासी करने के अवसर का लाभ उठाने के इच्छुक रहते हैं। स्टार्टअप के ख़रीददार निवेशक समान सेक्टर की बड़ी कम्पनियाँ होती हैं, जो बिज़नेस का अधिग्रहण करने और बाज़ार में अपनी हिस्सेदारी बढ़ाने के लिए कोशिश करती रहती हैं। कुछ मामलों में, स्टार्टअप सार्वजनिक प्रस्ताव पब्लिक ऑफर जारी कर सकता है या पूरी तरह से बिज़नेस बेच सकता है। स्टार्टअप के लिए इस तरह के बड़े सौदों के वित्तपोषण में बैंक फंड, निजी इक्विटी फंड और आईपीओ निवेशक प्रमुख भूमिका निभाते हैं।

भारत एक युवा राष्ट्र है, युवाओं को उद्यम करने और सफल उद्यमों के निर्माण के लिए प्रोत्साहित करने की आवश्यकता है। सरकार ने भी इस

दिशा में लगातार प्रयास किये हैं, जिसके फलस्वरूप भारत में सांस्कृतिक परिवर्तन हो रहे हैं और अब देश में छोटे शहरों से स्टार्टअप की संख्या में निश्चित वृद्धि हुई है।

भारत में ख़र्च करने योग्य आय बढ़ने के साथ एक बड़ा उपभोक्ता बाज़ार है। सरकार स्वयं, विशेष रूप से कृषि, रक्षा और सामाजिक क्षेत्रों में प्रमुख ख़रीददार है। इस दिशा में सरकार ने सार्वजनिक निविदाओं में भाग लेने के लिए स्टार्टअप्स को सक्षम किया है। इसके अलावा सार्वजनिक ख़रीद को सरल बनाने के लिए राष्ट्रीय सार्वजनिक ख़रीद पोर्टल, सरकारी ई–मार्केटप्लेस (GeM) शुरू किया गया है। हमारे स्टार्टअप अपने विदेशी उत्पादों और सेवाओं के माध्यम से विदेशी बाज़ारों में जगह बना रहे हैं, जिसमें स्टार्टअप इंडिया के तहत अन्तरराष्ट्रीय भागीदारी से समर्थन भी शामिल है।

भारत सरकार के स्टार्टअप इंडिया (https://www.startupindia.gov.in) कार्यक्रम को माननीय प्रधानमन्त्री द्वारा जनवरी, 2016 में शुरू किया गया था। इसके अन्तर्गत देश में इनोवेशन और उद्यमिता के पोषण के लिए एक मज़बूत पारिस्थितिकी तन्त्र का निर्माण किया गया है।

भारत के लगभग सभी राज्यों में स्टार्टअप्स को बढ़ावा देने के लिए विशेष नीतियाँ घोषित की गयी हैं। महिलाओं द्वारा स्टार्टअप शुरू करने पर अतिरिक्त प्रोत्साहन उपलब्ध हैं। निवेश और फंड जुटाने के लिए राज्य सरकारों की नीतियों में प्राविधान किये गये हैं। राज्य सरकारों द्वारा स्टार्टअप्स के लिए सीड–फंडिंग भी की जा रही है। इन्क्यूबेटर्स को अनुदान, ब्याज सब्सिडी, ब्याज–रहित लोन, लीज़ रेंटल पर सब्सिडी, श्रम क़ानूनों के अन्तर्गत स्व–प्रमाणन (सेल्फ–सर्टिफिकेशन) आदि जैसे प्रोत्साहन प्रदान किये जाते हैं। इतना ही नहीं, सरकारी ख़रीद में पूर्व अनुभव और कारोबार के स्तर में भी छूट दी गयी है, जिससे स्टार्टअप्स को अपने प्रोडक्ट को बेचने का अवसर मिल सके। भारत सरकार के उद्योग संवर्धन और आन्तरिक व्यापार विभाग (डीपीआईआईटी) द्वारा मान्यता प्राप्त स्टार्टअप्स को अपने प्रोडक्ट GeM पोर्टल पर प्रदर्शित करने की सुविधा दी गयी है।

क्यों न इन अवसरों का लाभ उठाकर स्व–रोज़गार और राष्ट्र निर्माण में योगदान दिया जाये। आगे के अध्यायों में शुरू से अन्त तक स्टार्टअप स्थापित करने की प्रक्रियाओं और सावधानियों के बारे में विस्तार से वर्णन किया गया है।

अध्याय 2

अपने उद्यम के मार्ग-दर्शक के रूप में एक सटीक बिज़नेस प्लान बनाइए

अपनी प्रतिस्पर्धी कम्पनी को जानने के पश्चात् यह आवश्यक है कि आप एक सुसंगत, सटीक एवं संक्षिप्त बिज़नेस प्लान तैयार कर लें। आवश्यक नहीं कि यह प्लान बहुत विस्तृत हो। इस बिज़नेस प्लान में सिर्फ़ ज़रूरी तथ्यों का ही समावेश करें और इसकी निरन्तर समीक्षा कर आवश्यकतानुसार संशोधन करते रहें।

इस बिज़नेस प्लान में इस बात का उल्लेख होना चाहिए कि प्रत्येक एक्टिविटी कब होगी और उसकी टाइम लाइन निर्धारित होनी चाहिए तथा प्रत्येक एक्टिविटी पर कितना अनुमानित ख़र्च होगा एवं उससे होने वाली आय का विवरण। हर एक एक्टिविटी के लिए एक माइलस्टोन होना चाहिए जिसमें बजट, कौन अधिकारी व कर्मचारी ज़िम्मेदार होगा और इसका क्या टारगेट परिभाषित होना चाहिए। बिज़नेस प्लान बनाने के लिए कुछ पूर्वानुमान (एसम्पशन) करना होगा, जैसे—मार्केट साइज़, ग्रौस मार्जिन, एक सेल्स पर्सन द्वारा सेल्स कॉल, पेमेंट साइकिल, सेल्स साइकिल इत्यादि। इन समस्त पूर्वानुमानों पर विस्तार से चर्चा व मन्थन करना एवं लिखित रूप से इनको प्लान में सम्मिलित करना आवश्यक है।

केवल उपयोगी बिन्दु सम्मिलित कीजिए—एक संक्षिप्त व प्रासंगिक बिज़नेस प्लान लागू करने में भी आसान होता है। इसलिए इसमें केवल वे बिन्दु शामिल कीजिए, जिनका आप वास्तव में उपयोग करेंगे। यह आप के लक्ष्यों, पूर्वानुमानों, निर्णयों, विभिन्न गतिविधियों व कार्यों की सूचियों का

एक संकलन होता है, जिसका प्रमुख उद्देश्य एक उत्तम उद्यम स्थापित कर सफलता से संचालित करना होता है।

बिज़नेस प्लान–एक निरन्तर प्रक्रिया–ऐसा नहीं है कि एक बार बिज़नेस प्लान बना लिया और आराम से बैठ गये। जैसा कि पहले ही बताया गया है कि प्लान के अनुसार विभिन्न गतिविधियों के परिणाम व प्रगति की समीक्षा के आधार पर आपको अपने बिज़नेस प्लान में लगातार सुधार व संशोधन करते रहना चाहिए। इससे यह हमेशा अपडेटेड होने के साथ–साथ भविष्य के उपयोगार्थ प्रासंगिक रहता है।

ज़िम्मेदारी का निर्धारण–एक अच्छे बिज़नेस प्लान में लक्ष्यों और अपेक्षित परिणामों को प्राप्त करने के लिए कार्य के अनुसार सम्बन्धित कर्मियों या अधिकारियों व कर्मचारियों की ज़िम्मेदारी तय होती है। अतः जब पूरी टीम के साथ विभिन्न गतिविधियों के परिणाम व प्रगति की समीक्षा की जाती है, तो जिन क्षेत्रों में अपेक्षित परिणाम नहीं मिलते हैं, उनसे सम्बन्धित अधिकारियों को स्वतः ही पता चल जाता है और आपको किसी को चेतावनी या नोटिस नहीं देना पड़ता।

प्लानिंग तथा एकाउंटिंग में अन्तर–प्लानिंग या योजना में पूर्वानुमानों या भविष्य की अपेक्षाओं के अनुसार व्यय व आय को लिंक किया जाता है, जबकि एकाउंटिंग में वर्तमान से शुरू कर के अतीत का वास्तविक ब्योरा होता है। अतः इन दोनों में भ्रम नहीं होना चाहिए।

ऐसे बनायें बिज़नेस प्लान

1. रणनीति (स्ट्रैटजी)–अब तक आप अपने स्टार्टअप की मूलभूत परिकल्पना, लक्ष्य एवं उसको प्राप्त करने के लिए अपनायी जाने वाली रणनीति को स्पष्ट रूप से समझ चुके होंगे। इसी रणनीति के सन्दर्भ में अवसरों एवं निर्णयों को परिभाषित करना चाहिए। एक अच्छी रणनीति वह होती है, जो यथार्थ के आधार पर नवीन अवसरों का सृजन करे। परिभाषित रणनीति की समय–समय पर नियमित रूप से समीक्षा कर संशोधित करते रहना चाहिए।

2. रणनीति को लागू करने के लिए कार्यविधि (टैक्टिक्स)– रणनीति परिभाषित तो हो गयी, अब इस रणनीति को ज़मीन पर उतारने की ज़रूरत है। इसके लिए बिन्दुवार सरल कार्यविधि का निर्धारण कीजिए।

इसमें ख़ासतौर से मार्केटिंग और प्रोडक्ट के बारे में योजना बनायें। अपनी रणनीति के अनुसार अच्छी मार्केटिंग के लिए अपने ग्राहकों की पसन्द को समझना, उनको अपने उद्यम और प्रोडक्ट के बारे में समझाना, आकर्षित करना और सन्तुष्ट करना आदि शामिल है।

प्रोडक्ट की मैन्यूफैक्चरिंग, पैकेजिंग, कीमत तय करना, वितरण के तरीक़े, सोशियल मीडिया–प्रचार इत्यादि पर बुलेट–पॉइंट्स बना लेने चाहिए। यदि ऑनलाइन या डिजिटल माध्यम से प्रोडक्ट या सेवा प्रदान की जानी है, तो सॉफ्टवेयर और टेक्नोलॉजी प्राप्त करने से सम्बन्धित कार्यविधि की सूची बना लेनी चाहिए।

अन्य विविध गतिविधियों में कम्पनी का रजिस्ट्रेशन, वित्तीय संसाधन, कर्मियों का चयन, अपनी टीम बनाना, ऑफ़िस और मैन्यूफैक्चरिंग–स्थल का प्रबन्ध आदि भी बिन्दुवार लिख लेना महत्त्वपूर्ण है।

3. विशिष्ट कार्यों का वर्णन–रणनीति और कार्यविधि के बाद अब कुछ महत्त्वपूर्ण कार्यों की सूची बनाना ज़रूरी है, जिससे आप अपने उद्यम की प्रगति की समीक्षा व समस्याओं के आधार पर आवश्यक रणनीति में परिवर्तन कर सकें। इसमें नियमित समीक्षा का कार्यक्रम, प्रोडक्ट या सर्विस तथा मार्केटिंग से सम्बन्धित पूर्वानुमान (एसम्पशन), समीक्षा करने के लिए माइल–स्टोन्स (निर्धारित समय/तिथि के अनुसार तय किये गये कार्यों को पूर्ण करने के लक्ष्य), स्टार्टअप के विभिन्न आयामों की मूल्यांकन तालिका एवं रिपोर्ट्स आदि सम्मिलित होती हैं।

एक बात का ध्यान रखें कि व्यवसाय के प्लान में आवश्यकतानुसार निरन्तर बदलाव होते रहना चाहिए। एक सामान्य बिज़नेस प्लान में योजना–संचालन–समीक्षा–संशोधन का पालन सिद्धान्त की तरह करना चाहिए।

जब आप स्टार्टअप की दुनिया में क़दम रखते हैं तो कई जिज्ञासाएँ, डर एवं चिन्ताएँ आदि होती हैं जिनको शान्त करना अत्यन्त आवश्यक है। काफ़ी लोग एक अच्छी नौकरी छोड़कर स्टार्टअप की दुनिया में क़दम रखते हैं। नौकरी की आराम की ज़िन्दगी एवं हर महीने के अन्त में वेतन न आने का डर भावी उद्यमियों को डराता है। एक प्रकार से यह डर सही भी है, क्योंकि यही डर आपको अपने स्टार्टअप के लिए कड़ी मेहनत करने के लिए प्रेरित करता है। अगर आप तत्काल अपनी नौकरी नहीं छोड़ना चाहते हैं, तो शुरुआत में अपने स्टार्टअप के लिए काम छुट्टियों में एवं

सप्ताह के अन्त में कर सकते हैं। किन्तु यह बात ध्यान में रखना आवश्यक है कि बिना कुछ त्याग के जीवन में कुछ हासिल नहीं होता है। यह बात स्टार्टअप पर भी सौ प्रतिशत लागू होती है। अगर आप अपने सपनों को साकार करना चाहते हैं तो आपको रिस्क लेना ही पड़ेगा।

कुछ स्टार्टअप उद्यमियों को यह डर रहता है कि वह अपना बिज़नेस प्लान, आइडिया किसी के साथ साझा करें कि नहीं? बिज़नेस प्लान या आइडिया हमेशा उद्योग के लोगों से साझा कर लेना चाहिए क्योंकि उनके द्वारा आपके प्रोडेक्ट या सर्विस के सम्बन्ध में महत्त्वपूर्ण सुझाव दिये जा सकते हैं और वह महत्त्वपूर्ण लोगों से आपका परिचय भी करा सकते हैं।

कुछ उद्यमियों को यह भ्रम रहता है कि उनके पास बिज़नेस का कोई बैकग्राउंड नहीं है एवं एम.बी.ए. नहीं किया हुआ है। यह एक भ्रम है कि एक सफल उद्यम के लिए एक सफल बैकग्राउंड हो या आपने एम.बी.ए. किया हो। अगर आपका प्रोडक्ट एवं सर्विस सही है और ग्राहकों की किसी ज़रूरत को पूरा कर रहा है और आप इसमें सही तरीक़े से मेहनत करते हैं तो आपको सफल होने से कोई नहीं रोक सकता।

अध्याय 3

अपनी प्रतिस्पर्धी (कॉम्पिटिटर) कम्पनियों को जानिए

अपने कारोबार का बिज़नेस प्लान बनाने के लिए यह आवश्यक है कि सबसे पहले आप यह जानें कि जो प्रोडक्ट या सर्विस (सेवा) आप ग्राहकों को प्रदान करना चाह रहे हैं, उसको पहले से कौन–कौन सी कम्पनियाँ प्रदान कर रही हैं। ग्राहक किसी भी प्रोडक्ट या सर्विस को ख़रीदने का चयन इस आधार पर करते हैं कि उनको इसमें कितना फ़ायदा हो रहा है और इस फ़ायदे को देखने का सबसे बड़ा पैमाना यह होता है कि दूसरी कम्पनियाँ समान प्रकार के प्रोडक्ट या सेवा प्रदान करने में क्या–क्या लाभ दे रही हैं।

अपनी प्रतिस्पर्धी कम्पनी को जानने और समझने के लिए निम्न रणनीति अपनानी चाहिए–

(1) अपने सम्भावित ग्राहकों का सर्वेक्षण–अपने प्रोडक्ट या सर्विस के सम्भावित ग्राहकों का एक सर्वेक्षण (सर्वे) कर लें। इस सर्वेक्षण में आपको ग्राहकों से यह जानकारी प्राप्त करनी चाहिए कि वे वर्तमान में उस प्रोडक्ट या सेवा को किस कम्पनी से ले रहे हैं। उस कम्पनी के प्रोडक्ट या सेवा से वे कितने सन्तुष्ट हैं और वे इस प्रोडक्ट या सर्विस में सुधार के लिए क्या सुझाव दे सकते हैं।

(2) प्रतिस्पर्धी कम्पनियों के विज्ञापनों व मार्केटिंग रणनीति का अध्ययन–अपनी प्रतिस्पर्धी कम्पनियों के विज्ञापनों को एवं मार्केटिंग की रणनीति को इंटरनेट तथा अन्य माध्यमों में खोज कर अच्छी तरह से अध्ययन कर समझ लेना चाहिए कि उनके प्रोडक्ट्स या सेवाएँ ग्राहक

को क्या मूल्य (वैल्यू) दे रहे हैं एवं उनके प्रोडक्ट्स या सर्विसेज़ और मार्केटिंग में क्या कमियाँ हैं।

(3) व्यापार प्रदर्शनियों, सम्मेलनों व गोष्ठियों में प्रतिभाग—क्योंकि अधिकतर लोग स्टार्टअप प्रारम्भ करने के लिए पहली बार उद्योग जगत में आते हैं, इसलिए यह अत्यन्त आवश्यक है कि अपने बिज़नेस से सम्बन्धित ट्रेड शो, सम्मेलनों, कॉन्फ्रेंस आदि में प्रतिभाग करें। ऐसे कार्यक्रमों व आयोजनों में आपको कम समय में काफ़ी जानकारी प्राप्त हो सकती है एवं आपके बिज़नेस के सहयोग के लिए नये लोगों से मुलाक़ात हो सकती है। कई ऐसे ट्रेड एवं इंडस्ट्रियल एसोसिएशंस भी हैं, जैसे—पीएचडी चैम्बर ऑफ़ कॉमर्स, फिक्की इत्यादि, जिनसे सम्पर्क करके भी आप अपने भावी बिज़नेस के बारे में काफ़ी जानकारी प्राप्त कर सकते हैं।

प्रतिस्पर्धा का मूल्यांकन

ग्राहक के रूप में स्व—अनुभव—इसके बाद उद्यम के आकार तथा व्यापारिक स्तर के आधार पर अपने निकटतम प्रतिस्पर्धियों के बिज़नेस मॉडल, आय, प्रोडक्ट्स या सेवाओं तथा ग्राहकों की प्रतिक्रिया जानने के लिए स्वयं ग्राहक बनकर अनुभव प्राप्त करना सबसे अच्छा होता है। आप उनके बिक्री केन्द्र पर जायें या यदि ई—कॉमर्स के माध्यम से प्रोडक्ट या सेवा प्रदान की जा रही है, तो ऑनलाइन पोर्टल से प्रतिस्पर्धी कम्पनी के प्रोडक्ट या सेवा की गुणवत्ता (क्वालिटी), विक्रय तकनीक, डिलीवरी प्रक्रिया आदि का पता लगाने का प्रयास करना चाहिए।

यद्यपि इस प्रक्रिया में नैतिक रूप से उचित आचरण करना महत्त्वपूर्ण है। एक ग्राहक के रूप में अपनी सही पहचान बताइए। यदि आप उस प्रोडक्ट या सेवा की उपभोक्ता श्रेणी में नहीं आते तो अपने किसी सहकर्मी या परिवार के सदस्य द्वारा यह कार्य कराया जा सकता है।

प्रतिस्पर्धी प्रोडक्ट या सेवा के उपभोक्ताओं की राय—इस इंटरनेट और स्मार्टफ़ोन के युग में लगभग हर कम्पनी के प्रोडक्ट्स या सेवाओं पर उनके उपभोक्ताओं की राय (रिव्यू) ऑनलाइन उपलब्ध रहती है। इसमें से आपको उपभोक्ताओं की वास्तविक राय को जानने

की कोशिश करनी चाहिए। इसी प्रकार, यदि सम्भव हो तो प्रतिस्पर्धी प्रोडक्ट या सेवा के ग्राहकों से व्यक्तिगत रूप से मिल कर उनकी राय जानना भी फ़ायदेमन्द होता है। इससे पता चलता है कि ग्राहक प्रतिस्पर्धी प्रोडक्ट या सेवा को क्यों ले रहे हैं, उसमें क्या अच्छा है और क्या कमी है आदि।

प्रतिस्पर्धी कम्पनियों के पूर्व कर्मियों, वेबसाइट तथा सोशियल मीडिया का सर्वेक्षण—जिस सेक्टर में आप कम्पनी शुरू करने जा रहे हैं, उस सेक्टर की अन्य (आपकी प्रतिस्पर्धी) कम्पनियों के पूर्व कर्मियों से उनके प्रोडक्ट या सेवा की गुणवत्ता, कस्टमर रिलेशंस, प्रबन्धन प्रणाली आदि के बारे में पता कर सकते हैं। इसके अलावा, कम्पनियों की वेबसाइट या उन ई–कॉमर्स/डिलीवरी एप्लीकेशंस से (जिनके माध्यम से ये कम्पनियाँ अपनी सेवाएँ या प्रोडक्ट प्रदान कर रही हों) से भी इस तरह की जानकारी प्राप्त की जा सकती है। कम्पनियों और उनके मैनेजमेंट व कर्मियों के बारे में अधिक जानकारी सोशियल मीडिया साइट्स, जैसे– लिंकडइन, ट्वीटर और फ़ेसबुक आदि से मिल सकती है।

ऐसे पहचानें अपने प्रतिस्पर्धी—प्रतिस्पर्धा का मूल्यांकन सटीक तभी हो सकता है, जब आप अपने प्रतिस्पर्धियों की सही पहचान कर पायें। इसके लिए मापदण्ड का दायरा न बहुत बड़ा होना चाहिए और न ही बहुत संकुचित। यदि यह दायरा बहुत बड़ा होगा तो बहुत–सी ऐसी कम्पनियों के प्रतिस्पर्धी होने का अहसास होगा, जो आपके ग्राहक सेगमेंट से भिन्न सेगमेंट को टार्गेट करती होंगी। इसी तरह संकुचित व सूक्ष्म मापदण्ड होने पर बहुत–सी ऐसी कम्पनियाँ आपकी नज़र से छूट जायेंगी, जो वास्तव में आपकी प्रतिस्पर्धी होंगी, किन्तु उनका बिज़नेस मॉडल या डिलीवरी सिस्टम भिन्न हो सकता है। इसलिए यह आवश्यक है कि आप अपने वास्तविक प्रतिस्पर्धियों पर फ़ोकस करें। इसके लिए उचित मापदण्ड यह होना चाहिए कि आप देखें कि **क्या किसी ग्राहक द्वारा एक निश्चित समय पर अपनी आवश्यकता पूरी करने के लिए आपके प्रोडक्ट या सेवा के स्थान पर किसी अन्य कम्पनी के प्रोडक्ट या सेवा को चुना जा सकता है? यदि उत्तर 'हाँ' में है, तो वह कम्पनी आपकी प्रतिस्पर्धी है।**

प्रतिस्पर्धियों का तुलनात्मक अध्ययन

तुलनात्मक चार्ट या ग्रिड–समस्त जानकारी एकत्रित करने के बाद एक तुलनात्मक चार्ट बनाना अपने प्रतिस्पर्धियों की तुलना करने का सबसे आसान तरीक़ा होता है। इसमें आप 1 से 10 के पैमाने पर (10 उच्चतम से 1 निम्नतम) विभिन्न मापदण्डों के अनुसार कम्पनियों की रैंकिंग कर लें। एक ग्राहक की तरह इससे आपको पता चलेगा कि मापदण्ड की अनेक श्रेणियों में भिन्न–भिन्न कम्पनियों के प्रोडक्ट या सेवा आपकी कम्पनी या योजना की तुलना में कितने आकर्षक या अनाकर्षक हैं, जिसके आधार पर आप अपने प्रोडक्ट या सेवा में ज़रूरी सुधार कर सकते हैं। तुलनात्मक चार्ट से आपको अपने बिज़नेस प्लान को अपग्रेड करने में अहम मदद मिलेगी। एक तुलनात्मक चार्ट का उदाहरण नीचे दिया गया है, आवश्यकतानुसार आप इसमें संशोधन भी कर सकते हैं।

मापदण्ड	आपका स्टार्टअप	प्रतिस्पर्धी–1	प्रतिस्पर्धी–2	प्रतिस्पर्धी–3
प्रोडक्ट या सेवा का विक्रय–मूल्य				
प्रोडक्ट या सेवा की गुणवत्ता				
ग्राहकों तक पहुँच/ डिलीवरी प्रक्रिया				
कम्पनी की छवि/ प्रचार				
उपलब्ध मानव/ वित्तीय संसाधन				
गुण–दोष				

तुलनात्मक विश्लेषण के लिए ऑनलाइन टूल्स एवं प्रोफेशनल सेवा का उपयोग

आप अपने स्टार्टअप उद्यम के आकार, निवेश, सम्भावित वृद्धि आदि के आधार पर तुलनात्मक विश्लेषण के लिए प्रोफेशनल व विशेषज्ञ फर्म्स की सेवाएँ प्राप्त कर सकते हैं। इसके अलावा, यदि स्टार्टअप मुख्यतः ऑनलाइन संचालित किया जाना है, तो क्लाउड सर्विसेज़ या अन्य वेबसाइट्स, जैसे–eDataSource.com आदि का उपयोग भी किया जा सकता है।

आप इनमें से जो भी तरीक़ा अपनायें, सफल होने के लिए प्रतिस्पर्धियों की वास्तविक कार्य–पद्धति की जानकारी होना अत्यन्त महत्त्वपूर्ण है।

अध्याय 4

सफल उद्यम के लिए टीम का निर्माण

अपने बिज़नेस के लिए आपको यह फ़ैसला लेना होगा कि किस तरह की फर्म बनायें। वैसे तो कम्पनी बनाने के लिए अकेले ही सोल प्रोपराइटरशिप की कम्पनी बना सकते हैं, किन्तु प्रायः यह देखा गया है कि सफल स्टार्टअप में दो या तीन से अधिक लोगों का समूह होता है। जिसमें हरएक पार्टनर की ख़ूबियाँ और तजुर्बे, असरदार लोगों से परिचय का एक समन्वय हो जाता है, जो एक सफल स्र्टाटअप के लिए अत्यन्त आवश्यक है। यह किसी भी सफल स्टार्टअप के लिए एक बेसिक आइडिया या कॉनसेप्ट होता है, जिसके आधार पर प्रोडेक्ट या सेवा ग्राहकों को प्रदान की जाती है। यह समझना अत्यन्त आवश्यक है कि मात्र एक अच्छे आइडिया से एक सफल उद्यम की स्थापना नहीं की जा सकती है, जबकि सबसे महत्त्वपूर्ण कड़ी उस योजना (बिज़नेस प्लान) का क्रियान्वयन है। इसीलिए यह आवश्यक है कि आपकी टीम में मार्केटिंग सेल्स का एक बन्दा, बिज़नेस डेवलेपमेंट एवं फाइनेंस के विशेषज्ञ मौजूद हों।

यदि आपकी टीम में दो, तीन या अधिक संस्थापक हैं, तो आपको अपने स्टार्टअप के लिए एक इक्विटी शेयरिंग प्लान की आवश्यकता होगी। आपको यह निर्णय लेना पड़ेगा कि जो एक्सपर्ट आपने टीम में रखे हैं उनको कितने प्रतिशत शेयर एलॉट किया जाय।

स्टार्टअप शुरू करने के लिए उद्यमशीलता का होना मौलिक आवश्यकता है। उद्यम की सफलता के लिए उद्यमी में विज़न, संवाद–पटुता, संयम, प्रतिबद्धता, उत्साह, परिश्रम, फोकस, नेतृत्व क्षमता तथा जोख़िम उठाने का साहस जैसे गुणों का होना अनिवार्य है। अब तक आपने जैसा जीवन

जिया है, उसको छोड़ना होगा, अपने शौक़ त्यागने पड़ सकते हैं, मानसिक व भावनात्मक दृढ़ता भी ज़रूरी है।

अब आपको ईमानदारी से यह तय करना है कि क्या ये सभी गुण आप में हैं? इस प्रश्न के उत्तर के आधार पर ही आप अपने सह–संस्थापकों का चुनाव कर पायेंगे। यदि उत्तर 'हाँ' में है, तो आपको संस्थापकों के रूप में मार्केटिंग, ऑपरेशंस, सेल्स, तकनीक आदि के विशेषज्ञों की आवश्यकता है और यदि उत्तर 'नहीं' में है, तो आपको ऐसा सह–संस्थापक सीईओ ढूँढ़ना चाहिए, जिसमें उद्यमशीलता के उपरिलिखित गुण हों।

संस्थापक टीम के सदस्यों की अपेक्षाएँ–भविष्य के विवादों से बचने के लिए स्टार्टअप शुरू करने से पहले सभी संस्थापक सदस्यों को अपनी अपेक्षाएँ और उद्यम की प्रगति के लिए हर व्यक्ति की भूमिका परिभाषित कर लेनी चाहिए। टीम के सदस्य उद्यम के कार्यों के लिए कितना समय देंगे तथा किस रूप में योगदान देंगे, यह भी निश्चित कर लेना चाहिए। उदाहरण के लिए संस्थापक सदस्य अपने कौशल या ज्ञान, कॉपीराइट, पेटेंट, ट्रेडमार्क; व्यक्तिगत सम्पर्क, नेटवर्किंग; कार्यालय स्थल, मशीनरी; या वित्तीय संसाधनों के रूप में योगदान कर सकते हैं। यह भी निश्चित करना अत्यन्त महत्त्वपूर्ण होता है कि किसी बिन्दु पर किस संस्थापक सदस्य के पास अन्तिम निर्णय का अधिकार होगा, वही संस्थापक स्टार्टअप के सीईओ की भूमिका निभायेगा।

स्टार्टअप के लिए एक इक्विटी शेयरिंग प्लान की आवश्यकता होगी। यह एक चुनौतीपूर्ण काम है, जिसमें लाभ का न्यायोचित व पारदर्शी रूप से सभी संस्थापकों के बीच उनके योगदान के अनुपात में कम्पनी के स्वामित्व और नियन्त्रण का बँटवारा किया जाता है। इसमें 'रिवर्स वेस्टिंग' का प्रावधान भी अवश्य कर लेना चाहिए (कम्पनी छोड़ने पर किसी सह–संस्थापक के जितने शेयर कम्पनी ख़रीद सकती है), जिससे कम्पनी का नुक़सान न हो। यद्यपि भविष्य की परिस्थितियों से निपटने के लिए स्थापना की योजना में थोड़ा लचीलापन होना भी आवश्यक है।

अध्याय 5

संस्थापकों के बीच इक्विटी का बँटवारा

मूल परिकल्पना या आइडिया के बिना कम्पनी का अस्तित्व ही सम्भव नहीं है। हालाँकि ये कहा जाता है कि सफल उद्यम में 1 प्रतिशत प्रेरणा होती है और 99 प्रतिशत मेहनत का योगदान होता है। इसी प्रकार प्रारम्भिक बिज़नेस प्लान बनाना भी आसान नहीं होता। इसमें समय तो लगता ही है, सभी संस्थापक सदस्यों के विचार व मतों को स्पष्टता से समझना, यदि किसी प्रकार के मतभेद हों, तो उनका निवारण करना तथा अन्त में एक दस्तावेज़ के रूप में संकलित करना ज़रूरी है। यह दस्तावेज़ ऐसा होना चाहिए, जिसमें उद्यम की वायबिलिटी एवं सफलता को आकर्षक रूप से व्यक्त किया गया हो, ताकि उद्यम के प्रति बैंकों, निवेशकों, एवं बोर्ड सदस्यों की सकारात्मक प्रतिक्रिया प्राप्त हो सके।

इक्विटी के बँटवारे के कोई पक्के नियम नहीं होते हैं। संस्थापकों द्वारा दो तरीक़ों से उद्यम में योगदान किया जाता है –(1) श्रम, कौशल, नेटवर्किंग आदि; तथा (2) पूँजी के माध्यम से। इसके लिए संस्थापकों के कुछ प्रमुख योगदानों पर ध्यान देने की ज़रूरत है, जैसे–आइडिया या कॉनसेप्ट, बिज़नेस प्लान बनाना, किसी क्षेत्र या डोमेन में विशेषज्ञता, प्रतिबद्धता व जोख़िम और ज़िम्मेदारियाँ। इन योगदानों के महत्त्व के आधार पर विभिन्न सह–संस्थापकों के बीच यथोचित व पारदर्शी तरीक़े से एवं मतैक्य से शेयरों के बँटवारे की गणना करनी चाहिए।

अध्याय 6

अपने स्टार्टअप की ब्रांड ऑनलाइन (इंटरनेट पर) स्थापित कीजिए

सफलता के लिए अपने स्टार्टअप की पहचान बनाना भी उतना ही ज़रूरी है जितना कि एक बिज़नेस प्लान बनाना या इन्वेस्टमेंट का इन्तज़ाम करना। मान लीजिए आपने व्यापक रिसर्च के बाद भावी ग्राहकों की ज़रूरत और पसन्द के एक उच्च गुणवत्ता के प्रोडक्ट की मैन्यूफैक्चरिंग या सेवा शुरू करने के लिए सब तैयारी कर ली, किन्तु यदि किसी को आप की कम्पनी, आपके प्रोडक्ट/सेवा, उसकी क़ीमत और आप तक कैसे पहुँचा जा सकता है आदि जानकारी के बारे पता ही नहीं है, तो सब व्यर्थ है।

इस इंटरनेट के युग में अपने उद्यम को एक समर्पित वेबसाइट के माध्यम से भावी कर्मियों–सहभागियों, ग्राहकों, प्रतिस्पर्धियों या यदि आप सौभाग्यशाली हों तो निवेशकों तक 24/7 अपनी समस्त जानकारी आकर्षक ढंग से पहुँचाई जा सकती है। आजकल तो अधिकतर बड़े, मध्यम, छोटे व महत्त्वाकांक्षी उद्यमों की अपनी वेबसाइट अवश्य होती है। इनमें ऐसे उद्यम भी होते हैं, जिनका अस्तित्व केवल ऑनलाइन ही होता है, जैसे–ई–कॉमर्स, ऑनलाइन गेमिंग एवं मनोरंजन आदि। इन कम्पनियों के लिए वेबसाइट ही इनका प्रोडक्ट है, जो इनके अस्तित्व और प्रगति के लिए मौलिक आवश्यकता है। हालाँकि अब ऑफ़लाइन या भौतिक रूप से विद्यमान उद्यमों को भी यह अहसास हो गया है कि अपनी पहुँच बढ़ाने और ब्रांड स्थापित करने के लिए ऑनलाइन उपस्थिति बहुत ज़रूरी है।

वर्तमान में आपको किसी भी प्रोडक्ट या सेवा की आवश्यकता होती है, तो आप इंटरनेट पर किसी सर्च इंजन के माध्यम से ढूँढ़ने की कोशिश करते हैं। डिजिटल आधारित अर्थव्यवस्था की माँग है कि अपनी पहचान एक अच्छे ब्रांड के रूप में स्थापित करने के विभिन्न माध्यमों में से सबसे पहले एक सुरुचिपूर्ण लोगो (Logo) और अपनी वेबसाइट बनायें या बनवाइए।

शुरुआत में बहुत कम क़ीमत पर अपनी वेबसाइट बनवाई जा सकती है। स्थानीय वेबसाइट निर्माताओं के अलावा भारत में in.godaddy.com एवं wix.com जैसी वेबसाइट्स भी टेम्प्लेट व डोमेन आधारित वेबसाइट बनाने के लिए उपलब्ध हैं। शुरू में आपकी वेबसाइट पर कम–से–कम अपने उद्यम के विषय में (अबाउट अस), अपने प्रोडक्ट्स/सेवा (प्रोडक्ट्स/सर्विसेज़) तथा सम्पर्क (कॉन्टैक्ट्स) होना चाहिए, जिसमें आप अपनी ई–मेल तथा मोबाइल फ़ोन आदि का विवरण दे सकते हैं, जिससे लोग आप और आपके प्रोडक्ट के बारे में जान सकें तथा आपसे आसानी से सम्पर्क कर सकें। यदि आप वास्तव में तेज़ी से प्रगति करना चाहते हैं, तो बाद में अपने उद्यम की रियल–टाइम इंटरऐक्टिव फीचर जोड़ने होंगे, जैसे वेबसाइट पर ऑनलाइन ऑर्डर/बुकिंग व भुगतान, कस्टमर सर्विस एवं ग्राहक का ऑर्डर एकाउंट मैनेजमेंट आदि।

अपनी वेबसाइट और कम्पनी तक पहुँचने में लोगों की सहायता करें–आपकी वेबसाइट प्रमुख सर्च इंजन्स, जैसे– गूगल, बिंग और याहू में सर्च करने पर लोगों को दिखनी चाहिए। इसके लिए आप अपनी साइट के URL (Uniform Resource Locator) को मैनुअली https://www.google.com/webmasters/tools/submit-url या www.selfpromotion.com पर सब्मिट कर सकते हैं।

इसके अलावा Linked.in, Facebook.com और Twitter.com जैसी वेबसाइट्स पर कम्पनी का सरल एवं व्यापक प्रोफाइल बनायें, जिससे भावी ग्राहक, निवेशक, कर्मी, सहभागी आदि आपके और आपकी कम्पनी के बारे में आसानी से जान सकें।

एंजिल/वेन्चर कैपिटल इन्वेस्टर्स–अपने स्टार्टअप के लिए फंड्स जुटाने के लिए एंजिल/वेन्चर कैपिटल इन्वेस्टर्स तक पहुँचने के लिए Unitus.vc, Seedfund.in, startupxseed.in जैसी वेबसाइट्स का उपयोग किया जा सकता है।

अध्याय 7

उद्यमी इकोसिस्टम में नेटवर्किंग

वैसे तो स्टार्टअप शुरू करने वाला उद्यमी बहुत अकेला होता है। ये तो उसका आत्मबल और कुछ नया करने का जुनून होता है, जो उसे पूरी लगन से अपने उद्यम की सफलता के लिए काम करने के लिए प्रेरित करता है। फिर भी, स्टार्टअप इकोसिस्टम में अन्य स्टार्टअप्स, सह–संस्थापक, कर्मी, एंजिल व वेन्चर कैपिटल इन्वेस्टर्स, इन्क्यूबेटर्स, उद्यमी संस्थाएँ व संगठन, सम्बन्धित सरकारी कार्यालय, सर्विस प्रोवाइडर्स, चार्टर्ड एकाउंटेंट, विज्ञापन व प्रचार माध्यम एवं संस्थाएँ और एडवोकेट आदि होते हैं। अपने स्टार्टअप की ग्राहकों, निवेशकों और अन्य उद्यमियों के बीच में प्रोडक्ट या सेवा की विज़ीबिलिटी बढ़ाने और अन्य उद्यमियों से महत्त्वपूर्ण जानकारी एवं अनुभव के आदान–प्रदान के लिए इस इकोसिस्टम में सक्रिय प्रतिभाग किया जाना ज़रूरी है। इस इकोसिस्टम में अच्छी नेटवर्किंग के लिए छोटे–बड़े निवेश सम्मेलनों, प्रदर्शनियों, संगोष्ठियों आदि में भाग लेना चाहिए।

अध्याय 8

कम्पनी का रजिस्ट्रेशन

जैसा कि इस पुस्तक में पहले बताया गया है, स्टार्टअप का नाम, वेबसाइट, मार्केट रिसर्च, बिज़नेस प्लान, प्रतिस्पर्धियों का अध्ययन आदि करने के बाद अगला क़दम कम्पनी का रजिस्ट्रेशन कराना है। इससे आपको यह भी पता चलेगा कि आपके उद्यम पर कौन–से क़ानून लागू होते हैं।

कम्पनी अधिनियम 2013 के अन्तर्गत व्यवसाय इकाई की प्रकृति के आधार पर विभिन्न प्रकार की कम्पनियों को रजिस्टर किया जा सकता है।

रजिस्टर्ड कम्पनी : प्राइवेट लिमिटेड कम्पनी रजिस्ट्रेशन के अन्तर्गत रजिस्टर्ड कम्पनियाँ कॉरपोरेट मामलों के मन्त्रालय, कम्पनी अधिनियम, 2013 और कम्पनी इनकॉर्पोरेशन रूल्स, 2014 द्वारा शासित होती हैं। भारत में प्रमुख रूप से 6 प्रकार की कम्पनियाँ रजिस्टर्ड होती हैं।[1]

1. प्राइवेट लिमिटेड कम्पनी–एक प्राइवेट लिमिटेड कम्पनी में व्यावसायिक सम्पत्ति व्यक्तिगत परिसम्पत्तियों से अलग होती है। हर शेयरधारक कुल पूँजी के अपने हिस्से के लिए ज़िम्मेदार होता है। प्राइवेट लिमिटेड कम्पनियों को वित्तीय लेन–देन, बोर्ड की बैठकों और वार्षिक रिपोर्ट इत्यादि के रिकॉर्ड को बनाये रखने की आवश्यकता होती है। प्राइवेट लिमिटेड कम्पनी 3 प्रकार की होती है–(क) शेयरों द्वारा सीमित कम्पनी (कम्पनी लिमिटेड बाय शेयर्स)–एक कम्पनी जिसके सदस्यों की देयता (लायबिलिटी) मेमोरेंडम द्वारा उस धनराशि तक सीमित होती है, जिसका भुगतान उन्होंने उन शेयरों के लिए नहीं किया हो, जो शेयर उनके पास हों; (ख) गारंटी द्वारा सीमित कम्पनी (कम्पनी लिमिटेड बाय गारंटी)–एक

---

1. https://www.quora.com/How-many-types-of-company-registration-are-there-in-India

कम्पनी जिसके सदस्यों की देयता (लायबिलिटी) मेमोरेंडम द्वारा उस धनराशि तक सीमित होती है, जिसका भुगतान कम्पनी के बन्द होने की दशा में कम्पनी की परिसम्पत्तियों की पूर्ति में योगदान करने के लिए उन्होंने सहमति दी हो; तथा (ग) असीमित कम्पनी (अनलिमिटेड कम्पनी)–एक कम्पनी जिसके सदस्यों की देयता की कोई सीमा नहीं होती है।

2. भागीदारी (पार्टनरशिप)–पार्टनरशिप कम्पनी एकल स्वामित्व (सोल प्रोप्राइटरशिप) की कम्पनी के समान ही होती है। इसमें प्रमुख अन्तर यह होता है कि कम्पनी बनाने के समय किये गये विधिक (क़ानूनी) समझौते के अनुसार सहभागियों (पार्टनर्स) के अधिकार, हिस्से और उत्तरदायित्व निर्धारित होते हैं। लाभ और हानि होने पर समझौते के आधार पर सहभागी निजी तौर पर ज़िम्मेदार होते हैं।

3. सीमित देयता भागीदारी (लिमिटेड लायबिलिटी पार्टनरशिप–एलएलपी)–यह भागीदारी से अलग एक क़ानूनी इकाई होती है और व्यावसायिक सम्पत्ति भागीदारों की व्यक्तिगत सम्पत्ति से अलग होती है। यदि व्यवसाय में हानि होती है, तो साझेदारों की व्यक्तिगत सम्पत्ति को जोख़िम में नहीं डाला जाता है क्योंकि प्रत्येक भागीदार की अधिकतम देयता को उसकी शेयर पूँजी के सापेक्ष परिभाषित किया जाता है। वित्तीय, इनकॉर्पोरेशन और टैक्स रिकॉर्ड्स के बेहतर प्रबन्धन के कारण सोल प्रोप्राइटरशिप और पार्टनरशिप कम्पनियों की तुलना में निवेशकों के बीच इस प्रकार की कम्पनी की विश्वसनीयता अधिक होती है।

4. एकल स्वामित्व (सोल प्रोप्राइटरशिप)–एक व्यक्ति के नाम पर पंजीकृत व्यवसाय को सोल प्रोप्राइटरशिप कहा जाता है तथा वह व्यक्ति प्रोप्राइटर कहलाता है। इसमें एक व्यक्ति पूरे व्यवसाय के लिए पूरी तरह से ज़िम्मेदार होता है तथा व्यवसाय और प्रोप्राइटर एक–दूसरे से अलग नहीं होते हैं। कम्पनी का मालिक व्यवसाय में निवेश करता है, लाभ लेता है और नुक़सान भी निजी तौर पर उठाता है।

5. एकल व्यक्ति कम्पनी–ओपीसी (वन पर्सन कम्पनी–ओपीसी)–यह उन उद्यमियों के लिए उत्तम विकल्प है, जो अकेले ही उद्यम शुरू करने में सक्षम हैं। ओपीसी का एक सबसे बड़ा लाभ यह है कि ओपीसी में केवल एक ही सदस्य हो सकता है, जबकि प्राइवेट लिमिटेड कम्पनी या सीमित देयता (लिमिटेड लायबिलिटी) भागीदारी को रजिस्टर करने और बनाये रखने के लिए न्यूनतम दो सदस्यों की आवश्यकता होती है।

एक कम्पनी के समान एक ओपीसी अपने सदस्यों से अलग एक क़ानूनी इकाई होती है और इसके शेयरधारकों को सीमित देयता का संरक्षण प्राप्त है, व्यवसाय की निरन्तरता है और इसे रजिस्टर करना आसान है।

6. सेक्शन 8 कम्पनी–इस प्रकार की कम्पनी एक ग़ैर–लाभकारी संगठन (नॉन–प्रॉफिट ऑर्गेनाइजेशन–एनपीओ) के रूप में रजिस्टर्ड होती है। एनपीओ, कम्पनी का उद्देश्य कला, वाणिज्य, दान, शिक्षा, पर्यावरण के संरक्षण, विज्ञान, सामाजिक कल्याण, खेल, अनुसन्धान, धर्म को बढ़ावा देना होता है और अपने लाभ, यदि कोई हो, या अन्य आय से अपने उद्देश्यों को लागू करती है। यह एक लिमिटेड कम्पनी की तरह ही काम करती है, जिसमें ऐसी कम्पनी के सभी अधिकार और दायित्व शामिल होते हैं।

उद्यम का नामकरण

स्टार्टअप कम्पनी के रजिस्ट्रेशन का प्रमुख हिस्सा उसका नामकरण है। नाम के आकर्षक होने के साथ ही कम्पनी का स्थायी नाम रखने से पहले कुछ ख़ास बिन्दुओं का ध्यान रखना ज़रूरी होता है।

आसान स्पेलिंग और उच्चारण, यथासम्भव अनोखापन, सभी भाषाओं में समझ में आने वाला और छोटा नाम जो आपके उद्यम की प्रकृति के अनुकूल हो –अधिक उपयुक्त होगा। इसके अलावा यह देखना होता है कि उस नाम की कोई अन्य कम्पनी पहले से न हो तथा कम्पनी अधिनियम के अन्तर्गत प्रतिबन्धित शब्द नहीं होना चाहिए। इसकी जाँच करने के लिए http://www.mca.gov.in/mcafoportal/showCheckCompanyName.do और https://www.indiafilings.com/check-company-name-availability जैसी वेबसाइट्स का उपयोग किया जा सकता है।

इसी प्रकार http://www.ipindia.nic.in/trade-marks.htm वेबसाइट पर आप अपना ट्रेडमार्क रजिस्टर कर सकते हैं।

अध्याय 9

स्टार्टअप में अधिवक्ता/वकील का महत्त्व

अधिकतर स्टार्टअप संस्थापक सोचते हैं कि नयी कम्पनी शुरू करने में वकील की क्या भूमिका हो सकती है, लेकिन ऐसा सोचना ग़लत है। कोई भी बिज़नेस देश के क़ानून के अनुसार स्थापित होता है, क़ानून के अनुसार ही उसमें निवेश होता है और वह संचालित होता है, ज़रूरी नहीं कि आपको सभी सम्बन्धित क़ानूनों की जानकारी हो। इसलिए लम्बी अवधि में एक अच्छे वकील की सलाह और सहायता लेना लाभदायक होता है।

वकील का चयन–तकनीकी रूप से कॉर्पोरेट क़ानून में विशेषज्ञ और स्टार्टअप से सम्बन्धित अनुभवी वकील को चुनना चाहिए, जो विश्वसनीय हो। इससे निवेशकों, बैंकों और सहभागियों में आपके उद्यम के प्रति विश्वास स्थापित होता है। ऐसे वकीलों को मार्केट की वास्तविक स्थिति की जानकारी होती है क्योंकि वे इसी क्षेत्र में आपसे पहले से कार्य कर रहे होते हैं। डॉक्यूमेंटेशन, कार्मिकों को अपने उद्यम में काम करने के लिए आबद्ध करने या बर्खास्त करने से सम्बन्धित लेबर क़ानून, लोन या इन्वेस्टमेंट के पेपर्स को तैयार करने में तथा बौद्धिक सम्पदा, पेटेंट या ट्रेडमार्क और डाटा की सुरक्षा से सम्बधित मामलों में वकील की भूमिका महत्त्वपूर्ण होती है।

महानगरों में तो विशेष रूप से स्टार्टअप्स को समर्पित लॉ फर्म्स उपलब्ध हैं, जो आपको एकल वकील से अच्छी सेवा प्रदान कर सकती हैं। इसका यह मतलब कदापि नहीं है कि एकल वकील अच्छे नहीं होते। अतः स्वविवेक, वित्तीय संसाधन और उपलब्धता के आधार पर वकील का चयन कीजिए, इससे भविष्य में आने वाली कई कठिनाइयों से बचा जा सकता है।

यदि आप अपने वकील या लॉ फर्म के काम से असन्तुष्ट हैं तो यह बिल्कुल सामान्य है कि आप वकील को बदल दें। इसके लिए पहले अपनी असन्तुष्टि के कारणों को सह–संस्थापकों और वर्तमान वकील से विचार–विमर्श कर समाधान करने की कोशिश कीजिए। तब भी सफलता न मिलने पर अन्य वैकल्पिक वकीलों से वर्तमान वकील को आबद्ध करने के तरीक़े को बताते हुए अपनी कठिनाइयों के बारे में बात करके उन्हीं से पूछिए कि वर्तमान वकील को कैसे बदला जा सकता है। इस बात का विशेष ध्यान रखिए कि क्या नये वकील आपकी समस्याओं या अपेक्षाओं को पूरा करने के लिए तैयार और योग्य हैं।

अध्याय 10

कम्पनी के बोर्ड ऑफ़ डाइरेक्टर्स और सलाहकार

रजिस्ट्रेशन के बाद कम्पनी के निदेशकों (डाइरेक्टर्स) को तकनीकी रूप से तो शेयरधारकों द्वारा चुना जाता है, लेकिन बाहरी स्रोतों से फंड्स मिलने से पहले स्टार्टअप्स के संस्थापक या सहसंस्थापकों के द्वारा चुना जाता है, जोकि अधिकतर स्वयं ही निदेशक बन जाते हैं।

जब कम्पनी को बाहरी स्रोतों, जैसे– एंजिल या वेन्चर कैपिटलिस्ट इन्वेस्टर्स से फंड्स मिलते हैं, तब संस्थापकों के अलावा नये लोग कम्पनी के स्वामित्व से जुड़ जाते हैं। इसमें से कौन किस प्रकार के निर्णय करेगा, इसके लिए नियम बने हुए हैं, क्योंकि वैसे तो स्वामित्व 'नियन्त्रण' का द्योतक है, किन्तु दोनों को अलग–अलग करना सम्भव है। कम्पनी के इनकॉर्पोरेशन के बाद उसका स्वामित्व लाखों शेयरधारकों में बँट जाता है और मौलिक सिद्धान्त के अनुसार प्रत्येक शेयरधारक को एक वोट देने का अधिकार होता है। ये सभी शेयरधारक बोर्ड ऑफ़ डाइरेक्टर्स चुनते हैं और बोर्ड ऑफ़ डाइरेक्टर्स **मुख्य कार्यपालक अधिकारी (सीईओ)** को चुनते हैं तथा सीईओ कम्पनी के दिन–प्रतिदिन के कार्यकलापों को संचालित करने के लिए ज़िम्मेदार होता है।

कम्पनी का **चेयरपर्सन** अधिकतर एक प्रतिष्ठित व अनुभवी उद्योगपति होता है या कम्पनी का पुराना लीड इन्वेस्टर या स्वतन्त्र इंडिपेंडेंट डाइरेक्टर होता है। अक्सर लोग चेयरपर्सन और सीईओ को एक ही व्यक्ति समझते हैं, किन्तु ऐसा नहीं है। चेयरपर्सन का चुनाव बोर्ड के अन्य सदस्यों द्व ारा किया जाता है, और आमतौर पर चेयरपर्सन न तो कम्पनी का कोई पूर्णकालिक कर्मचारी होता है और न ही उस तरह से काम करता है।

जबकि सीईओ कम्पनी का वरिष्ठतम पूर्णकालिक अधिकारी होता है और बोर्ड को रिपोर्ट करता है।

ऐसे करें एक अच्छे बोर्ड ऑफ़ डाइरेक्टर्स का गठन

एक आदर्श बोर्ड के सदस्यों में प्रमुख रूप से तीन गुण होने चाहिए। ये गुण हैं–विवेक (विज़डम), सम्पन्नता (वेल्थ) और कार्य (वर्क) करने की क्षमता। 'सम्पन्न' उन निदेशकों को कहा जा सकता है, जो भविष्य में निवेश करने के साथ आवश्यकता पड़ने पर वित्तीय मदद कर सकते हैं। 'कार्य' करने की दृष्टि से विशिष्ट कौशल वाले निदेशक जो कर्मियों के चयन, बिज़नेस डेवलपमेंट, ग्राहक आकर्षण, एग्ज़िट ऐनालिसिस आदि में सहायक हो सकते हैं।

'विवेकशील' निदेशक स्मार्ट और अनुभवी होते हैं, जो कम्पनी के उद्देश्यों की प्राप्ति के लिए सीईओ को महत्त्वपूर्ण सलाह प्रदान कर सकते हैं। नये स्टार्टअप के लिए यह चुनौतीपूर्ण हो सकता है क्योंकि बोर्ड के सदस्यों को उनकी सेवाओं के लिए नगद भुगतान नहीं किया जाता। हालाँकि यदि निवेशक और संस्थापक किसी स्वतन्त्र निदेशक (इंडिपेंडेंट डाइरेक्टर) को चुनते हैं, तो उनको स्टॉक में कुछ प्रतिशत की हिस्सेदारी दी जा सकती है।

फिर भी कुछ कार्य आपको बिल्कुल नहीं करने चाहिए, जैसे–सहसंस्थापक के अलावा प्रबन्धक इकाई (मैनेजमेंट यूनिट) के किसी सदस्य, अविश्वसनीय तथा अपने घनिष्ठ मित्र या रिश्तेदार को बोर्ड का सदस्य नहीं बनाना चाहिए। शुरुआत में गठित बोर्ड तभी तक रहता है, जब तक बाहरी स्रोतों से फंड्स नहीं मिलते। उसके बाद तो शेयरधारकों के एग्रीमेंट के अनुसार बोर्ड गठित किया जाना होता है। पुराने बोर्ड सदस्यों को सलाहकार समिति में रखा जा सकता है।

बोर्ड ऑफ़ डाइरेक्टर्स का अधिकतम सदुपयोग

- अपनी कम्पनी के बोर्ड की बैठकों के लिए एक नियमित कार्यक्रम निर्धारित करें। नये स्टार्टअप के लिए पहले एक महीने में एक बैठक और बाद में आवश्कतानुसार एक वर्ष में 4–6 बैठकें लाभदायक होती हैं, क्योंकि उसके क्रियाकलाप में जल्दी–जल्दी परिवर्तन आते हैं और नये लोगों की भागीदारी होती है। जबकि एक अच्छी तरह स्थापित कम्पनी में साल में एक या दो बैठक ही काफ़ी होती हैं।

- बैठक की तिथि से कई दिन पहले सीईओ द्वारा बोर्ड के सभी सदस्यों को बैठक के एजेंडा सहित कम्पनी से सम्बन्धित अन्य जानकारी भेजी जानी चाहिए। इसमें चालू माह, तिमाही और वर्ष–दर–वर्ष वित्तीय रिपोर्ट आदि शामिल होनी चाहिए।
- आमतौर पर कम्पनी के चेयरपर्सन ही बोर्ड की बैठक की अध्यक्षता करते हैं, लेकिन कभी–कभी प्रशासनिक कारणों से सीईओ भी यह कार्य कर सकते हैं। बोर्ड–बैठक के पहले सत्र में पिछली बैठक में लिए गये निर्णयों को लागू किये जाने की स्थिति की समीक्षा होनी चाहिए। उसके बाद कम्पनी की वर्तमान स्थिति पर प्रेजेंटेशन और एजेंडा के अनुसार नये बिन्दुओं पर चर्चा कर निर्णय करने चाहिए।
- बैठक के एजेंडा में अन्त का कुछ समय प्रबन्धन से जुड़े मुद्दों के लिए रखना चाहिए। इस समय में सीईओ और अन्य कर्मचारी बैठक से चले जाते हैं और स्वतन्त्र निदेशक, संस्थापक, सहसंस्थापक व निवेशक कम्पनी से जुड़े महत्त्वपूर्ण बिन्दुओं पर विचार–विमर्श कर सकते हैं।
- बैठक सम्पन्न होने के बाद उसके ड्राफ्ट मिनट्स तैयार कर सभी निदेशकों को अवलोकन या समीक्षा के लिए भेजे जाने चाहिए। मिनट्स में केवल बैठक में उपस्थित सदस्यों के नाम, लिए गये निर्णय और कार्यवाही को सम्मिलित करना चाहिए।

बोर्ड ऑफ़ एडवाइज़र्स (सलाहकार) की भूमिका

बोर्ड ऑफ़ डाइरेक्टर्स की तरह बोर्ड ऑफ़ एडवाइज़र्स की कोई विधिक ज़िम्मेदारी नहीं होती। इसमें ऐसे प्रतिष्ठित उद्योगपतियों, अनुभवी उद्यमी, उद्योगजगत में लोकप्रिय तथा अन्य क्षेत्र–विशिष्ट सलाहकारों को शामिल किया जा सकता है, जो किसी कारण से बोर्ड ऑफ़ डाइरेक्टर्स में नहीं रखे जा सकते, लेकिन कम्पनी की विश्वसनीयता स्थापित करने और प्रगति में सहायक हो सकते हैं।

बोर्ड ऑफ़ एडवाइज़र्स के सदस्यों को औपचारिक रूप से किसी बैठक में शामिल होने की ज़रूरत नहीं होती, बल्कि वे सीईओ को उसके अनुरोध पर किसी ख़ास विषय पर सलाह दे सकते हैं। इसके सदस्य कम्पनी के लिए ग्राहकों को सन्दर्भित कर सकते हैं, सोशियल मीडिया पर अपनी लोकप्रियता का कम्पनी को लाभ पहुँचा सकते हैं और मार्केट की स्थिति

के अनुसार सीईओ को सलाह दे सकते हैं। इनका पारितोषिक सामान्यतः बोर्ड ऑफ़ डाइरेक्टर्स के सदस्यों का आधा होता है।

इसके अलावा यदि आपको एक मेंटर (प्रतिपालक या मार्गदर्शक) मिल जाये, तो कम्पनी को बहुत लाभ होता है। स्टार्टअप के लिए मेंटर मिलना इसलिए मुश्किल होता है क्योंकि मेंटर वही लोग होते हैं, जिनको सफल उद्यम से सम्बन्धित महत्त्वपूर्ण जानकारी और अनुभव होता है और ऐसे लोगों के पास समय की बहुत कमी होती है। दूसरी बात यह है कि आपकी कम्पनी के लिए लाभदायक मेंटर वही व्यक्ति साबित हो सकता है, जिससे लम्बे समय से आपका परिचय हो तथा वह आपका और कम्पनी का वास्तविक शुभचिन्तक हो।

इसलिए यदि आपके सम्पर्क में ऐसा व्यक्ति नहीं है तो मेंटर ढूँढ़ने के बजाय आपको स्टार्टअप पर उपलब्ध पुस्तकें, इंटरनेट पर इससे जुड़ी जानकारी और अन्य उद्यमियों के अनुभव का लाभ उठाना चाहिए।

अध्याय 11

एक एकाउंटेंट और उपयुक्त एकाउंटिंग प्रणाली का चयन करें

अपने स्टार्टअप में आने और जाने वाले धन का ठीक से हिसाब रखना वैसे तो एक उबाऊ और डराने वाला काम है, लेकिन यह एक बहुत ही महत्त्वपूर्ण काम भी है। अधिकतर उद्यम बजाय किसी अन्य कारण के पूँजी की कमी से विफल होते हैं। इसलिए अनुशासित रूप से एकाउंटिंग शुरू से ही किया जाना चाहिए। यदि आप अपने धन व पूँजी का सही प्रबन्धन नहीं करते हैं, तो आप निश्चित रूप से कठिनाई और विफलता के लिए तैयार रहिए।

लाभ प्रॉफिट क्या है?

सबसे पहले आइए ये समझते हैं कि कम्पनी का लाभ (प्रॉफिट) क्या होता है, क्योंकि किसी भी उद्यम के सफल होने के लिए यही तो सबसे ज़रूरी होता है।

उत्पादों या सेवाओं की बिक्री से प्राप्त सम्पूर्ण धन के योग (सकल राजस्व या ग्रॉस रेवेन्यू कहलाता है) में से उस राजस्व को अर्जित करने पर ख़र्च किये गये धन (कुल व्यय) को घटाने पर शुद्ध आय निकल आती है। यही शुद्ध आय लाभ होती है। (ग्रॉस रेवेन्यू – कुल व्यय = शुद्ध आय)

शुद्ध आय को ग्रॉस रेवेन्यू के प्रतिशत के रूप में भी निकाला जा सकता है, जिसको प्रॉफिट मार्जिन कहते हैं। शुद्ध आय का एक हिस्सा विभिन्न व्यावसायिक उद्देश्यों के लिए अलग रखा जाता है, जैसे–नये उपकरण ख़रीदना, मार्केटिंग में निवेश या सम्भावित आपात्कालीन ज़रूरतों के लिए

बचाकर रखना। बची हुई शुद्ध आय को स्वामित्व शेयरों के अनुसार उद्यम के सभी मालिकों के बीच बाँटा जा सकता है। किन्तु यह डिविडेंड की राशि कम्पनी में कार्य करने के लिए प्रदान किये जा रहे वेतन से अलग होती है।

एकाउंटिंग और बुक-कीपिंग (बही-खाता)

कम्पनी के सभी वित्तीय ट्रांज़ैक्शन्स (रुपये–पैसे के लेन–देन की प्रविष्टि) को जिस रजिस्टर में दर्ज़ किया जाता है उसे जनरल लेजर (सामान्य बही–खाता) कहा जाता है और इस काम को बुक–कीपिंग कहते हैं और इसको सही व स्पष्ट तरीक़े से करना छोटे–बड़े, सभी व्यवसायों के लिए बहुत महत्त्वपूर्ण है। अब तो इस काम को सॉफ्टवेयर के माध्यम से भी किया जा रहा है।

जनरल लेजर ट्रांज़ैक्शन्स की पाँच श्रेणियों को दर्शाता है : परिसम्पत्ति (एसेट्स), देनदारियाँ (लायबिलिटीज़), इक्विटी स्वामित्व (ऑनर्स इक्विटी), राजस्व (रेवेन्यू) और व्यय (एक्सपेंसेज)। हर एंट्री का जनरल लेजर में दो स्थानों पर प्रभाव पड़ता है, उदाहरण के लिए, जब आप किसी उत्पाद को बेचते हैं, तो आपके द्वारा प्राप्त किया जाने वाला पैसा लेजर की आय श्रेणी में सकारात्मक जोड़ के रूप में दर्ज़ किया जायेगा। उसी राशि को परिसम्पत्ति श्रेणी से घटाया जायेगा, जहाँ पर आपकी कम्पनी की इन्वेंट्री में माल का मूल्य दर्ज़ होता है। जनरल लेजर के एक हिस्से से दूसरे हिस्से में मूल्य के प्रवाह को इस तरह दर्ज़ किये जाने से उद्यम के स्वामित्व की परिसम्पत्तियों और देनदारियों के बीच सन्तुलन बनाये रखने में सहायता मिलती है। एक अच्छा एकाउंटेंट यह अच्छी तरह समझता है और आप के उद्यम की बुक्स को अपडेटेड रखता है।

इसी जनरल लेजर से आय विवरण (इनकम स्टेटमेंट) बैलेंस–शीट और नकद राशि का विवरण (कैश–फलो स्टेटमेंट) बनता है। **आय विवरण या इनकम स्टेटमेंट** से निश्चित समय में आपके उद्यम के राजस्व और खर्चों के बारे में पता चलता है। यह लाभ (या हानि) का आँकड़ा देता है, जो व्यवसाय के स्वास्थ्य का एक महत्त्वपूर्ण सूचक है। इस प्रकार इसे लाभ और हानि–कथन (प्रॉफिट एंड लॉस स्टेटमेंट) भी कहा जा सकता है। मासिक आय विवरण एक महीने में कम्पनी की वित्तीय स्थिति के बारे में बताता है, तो वार्षिक स्टेटमेंट साल भर में कम्पनी की प्रगति की जानकारी देता है। इसके आधार पर कम्पनी की कार्य प्रणाली में सुधार किये जा सकते हैं।

बैलेंस–शीट में एक निश्चित समय में कम्पनी की परिसम्पत्ति और देनदारियों का विवरण होता है। उद्यम की कुल परिसम्पत्ति में से उसकी देनदारियों को घटा कर उस समय कम्पनी के कारोबारी–मूल्य या नेटवर्थ का पता चलता है। कम्पनी के **नेटवर्थ** में उतार–चढ़ाव हो सकता है, लेकिन लम्बी अवधि में यह बढ़ना चाहिए, जिससे यह पता चलता है कि कम्पनी समय के साथ अधिक मूल्यवान हो रही है। बैलेंस–शीट को आमतौर पर नियमित रूप से मासिक, तिमाही, अर्धवार्षिक और वार्षिक आधार पर तैयार किया जाता है।

नकद राशि का विवरण या कैश–फ्लो स्टेटमेंट में एक निश्चित समय (सामान्यतः एक माह) में कम्पनी के ख़र्चों और आय की धनराशि और प्रकृति का विवरण होता है। जैसे प्रोडक्ट/सेवा की बिक्री या निवेश से होने वाली आय और बिज़नेस संचालित करने या टैक्स में होने वाला ख़र्च, आय और व्यय की प्रकृति हो सकती है। कैश–फ्लो स्टेटमेंट और इनकम स्टेटमेंट में भ्रम हो सकता है, किन्तु इनमें अन्तर होता है। इनकम स्टेटमेंट में आय–व्यय का सैद्धान्तिक विवरण होता है, जब कि कैश–फ्लो स्टेटमेंट में वास्तविक विवरण होता है। उदाहरण के लिए, यदि आपके स्टार्टअप को कोई सेवा प्रदान करने या प्रोडक्ट की आपूर्ति करने का ठेका मिलता है और आप उस प्रोडक्ट की आपूर्ति कर इनवॉइस भेज देते हैं, तो आपके पक्ष का काम तो हो गया। अतः इनकम स्टेटमेंट में तो उससे होने वाली आय की एंट्री हो जाती है, लेकिन यथार्थ में भुगतान होने में समय लगता है। इसलिए कैश–फ्लो स्टेटमेंट में वास्तविक भुगतान होने के बाद ही उस आय और व्यय को दर्ज़ किया जाता है।

बजट कार्य (बजटिंग)

कम्पनी के बजट में निकट भविष्य में एक निर्धारित समय (अधिकांशतः एक वर्ष) के लिए विभिन्न मदों (हैड्स) में अनुमानित आय और ख़र्चों का विवरण होता है। बजट बनाने से कम्पनी के वास्तविक ख़र्चों की निगरानी और राजस्व प्राप्ति के अनुसार नियन्त्रण करने में सहायता मिलती है। ऐसा बहुत कम ही होता है कि बजट के समान ही कम्पनी की वास्तविक इनकम और ख़र्चे हों। एक वर्ष का बजट बनाने के बाद उसको मासिक वृद्धि के रूप में विघटित कर लेना चाहिए, इसके अनुसार मासिक आय

विवरण से तुलना कर बिज़नेस चलाने में सुधार किया जा सकता है और छोटी समस्याओं को बड़ा होने से पहले ही सुलझाया जा सकता है।

नकद राशि का प्रबन्धन (मैनेजिंग कैश-फ्लो)

कैश–फ्लो से एक निश्चित समयावधि की शुरुआत और अन्त में कम्पनी के लिए उपलब्ध नक़द में अन्तर का पता चलता है। उस समयावधि के अन्त में नक़द राशि शुरुआत से अधिक होती है तो धनात्मक कैश–फ्लो, और कम होने पर ऋणात्मक कैश–फ्लो होता है। एक प्रभावी बजट में ऋणात्मक कैश–फ्लो (राजस्व में कमी) का अनुमान लगाते हुए उस निश्चित समयावधि में ख़र्चे कम किये जा सकते हैं या बिक्री बढ़ाने के विशेष उपाय, जैसे सीज़नल सेल आदि, किये जा सकते हैं, क्योंकि बहुत अधिक ऋणात्मक कैश–फ्लो का मतलब नक़दी की कमी होता है और इससे कम्पनी के सामने बहुत बड़ी समस्या आ सकती है। यहाँ तक कि बिज़नेस बन्द भी करना पड़ सकता है, क्योंकि उपलब्ध नक़द से ही कर्मियों का वेतन आदि दिया जाता है।

स्टार्टअप में आपका पारिश्रमिक या वेतन

ऐसा हो सकता है कि अपने स्टार्टअप में आप एक सीईओ या अधिकारी की तरह भी सेवाएँ दे रहे हों, यानि कि आप दो भूमिकाओं में हैं, एक तो कम्पनी के स्वामी के रूप में और दूसरी कार्मिक के रूप में। ऐसी स्थिति में इस बात का ख़ास ध्यान रखना चाहिए कि कम्पनी के कार्मिक या अधिकारी के रूप में आप अपने वेतन के लिए वार्षिक बजट में बहुत ज़्यादा धनराशि का प्राविधान न करें। इसका कारण यह है कि एक नये स्टार्टअप के लिए अधिक–से–अधिक फंड्स की उपलब्धता बनाये रखना ज़रूरी है। लम्बी अवधि में कम्पनी की प्रगति और लाभ से ही आपको भी लाभ होगा।

एक अच्छे एकाउंटेंट को कैसे चुनें

स्टार्टअप की योजना बनाते समय या एकदम शुरुआती दिनों नें तो आप और आपके सहसंस्थापक एकाउंटिंग का काम कर सकते हैं, लेकिन जैसे ही आपको किसी इन्वेस्टर से फंड मिलता है या आप अपनी कम्पनी में काम करने के लिए किसी बाहरी व्यक्ति को नौकरी पर रखते हैं, तो एक

एकाउंटेंट को रखना अनिवार्य हो जाता है। ऐसा नहीं करने पर कठिन समस्या हो सकती है।

1. सबसे पहले एक अच्छे प्रामाणिक और विश्वसनीय चार्टर्ड एकाउंटेंट से मिलकर अपने स्टार्टअप के विषय में बताइए। चूँकि नयी कम्पनियों में एकाउंटेंट्स की रुचि होती है इसलिए सम्भवतः वे आपके स्टार्टअप के लिए काम करने के लिए तैयार हो जायेंगे। अच्छी बुक–कीपिंग के लिए आवश्यक सॉफ्टवेयर सहित और क्या–क्या ज़रूरी है ये बताने के साथ ही चार्टर्ड एकाउंटेंट आपको इसके लिए किसी व्यक्ति के नाम का सुझाव भी दे सकते हैं।

2. एकाउंटिंग की योजना बनाने के बाद कम्पनी से सम्बन्धित कैश–फ्लो का लेखा–जोखा रखना आवश्यक है। इनवॉइस, ख़रीद और भुगतान के माध्यमों सहित भुगतान की गयी राशि और बैंक एकाउंट का ब्योरा सँभाल कर रखना चाहिए। इसके लिए किसी अनुभवी स्वतन्त्र रूप से काम करने वाले पेशेवर एकाउंटेंट की सेवाएँ ली जा सकती हैं, जो महीने में एक बार आपके कार्यालय आकर आपके द्वारा इकट्ठा की गयी उक्त सूचना और दस्तावेज़ों के आधार पर वित्तीय स्टेटमेंट (इनकम स्टेटमेंट, कैश–फ्लो आदि) तैयार कर देगा। जब आपका कारोबार बढ़ जाये, तो एक हफ़्ते में एक बार बुलाइए और फिर एक समय ऐसा आयेगा जब आपकी कम्पनी का लेन–देन इतना बढ़ जायेगा कि आपको एक पूर्णकालिक एकाउंटेंट रखना पड़ेगा।

3. बड़ी कम्पनियों में यह काम मुख्य वित्त अधिकारी (चीफ़ फाइनेंस ऑफ़िसर–सीएफओ) करते हैं, लेकिन अभी आपके नये स्टार्टअप के पास इतने संसाधन नहीं हैं कि आप सीएफओ रख सकें। इसलिए महीने में एक बार, फिर सप्ताह में एक बार और फिर पूर्णकालिक एकाउंटेंट का तरीक़ा बताया गया है। बस एक बात का विशेष ध्यान रखें कि बिना किसी निगरानी के एक ही व्यक्ति पर पूरी एकाउंटिंग की ज़िम्मेदारी छोड़ देना हानिकर हो सकता है।

एकाउंटेंट के प्रमुख काम इस प्रकार होंगे–

- मासिक, त्रैमासिक और वार्षिक वित्तीय रिपोर्ट और स्टेटमेंट्स तैयार करना।

- सम्भावित निवेशकों के लिए वित्तीय दस्तावेज़ (फाइनेंशियल डॉक्यूमेंट्स) तैयार करना।
- कम्पनी के वित्तीय अनुमानों के प्रबन्धन (मैनेजमेंट ऑफ़ फाइनेंशियल प्रोजेक्शंस) के लिए आपके साथ काम करना।
- आपको और आपके स्टार्टअप के नेतृत्व को वित्तीय सलाह और मार्गदर्शन प्रदान करना।
- आपकी कम्पनी का कॉर्पोरेट और अन्य टैक्स रिटर्न तैयार करना।
- सम्भावित निवेशकों के लिए कम्पनी के वित्तीय स्टेटमेंट्स की समीक्षा या ऑडिट रिपोर्ट तैयार करना।

अब बहुत से ऑनलाइन और ऑफ़लाइन एकाउंटिंग सॉफ्टवेयर उपलब्ध हैं, जिसमें से अपनी आवश्यकतानुसार चुन कर बुक–कीपिंग और एकाउंटिंग के लिए उपयोग किया जा सकता है।

अध्याय 12

अपना क्रेडिट प्रोफाइल स्थापित करें

आमतौर पर स्टार्टअप बिना किसी नक़दी के साथ शुरू होते हैं, इसलिए कम्पनी चलाने के लिए धन की व्यवस्था करना अत्यन्त महत्त्वपूर्ण है। यह धन वेन्चर कैपिटलिस्ट, एंजिल इन्वेस्टर्स और सरकार द्वारा स्टार्टअप्स के प्रोत्साहन हेतु वित्त–पोषण की योजनाओं व बैंक आदि से मिल सकता है।

दुर्भाग्य से स्टार्टअप उद्यम ऐतिहासिक रूप से बहुत जोख़िम वाले होते हैं और उनमें से अधिकांश पूरी तरह से विफल हो जाते हैं। इसीलिए बैंकों से ऋण मिलना बहुत मुश्किल होता है। आपकी कम्पनी के प्रोडक्ट या सेवा से सम्बन्धित वेंडर, सप्लायर, या सर्विस प्रोवाइडर आपको कुछ समय के लिए क्रेडिट पर धन देने को कुछ हद तक तैयार हो सकते हैं। लेकिन इसके लिए आपको अपना क्रेडिट प्रोफाइल अच्छा बनाना और रखना होगा। यानि कि ये लोग आपके स्टार्टअप द्वारा बिलों का भुगतान करने की और आपकी जोख़िम उठाने की क्षमता, योग्यता व आदत के आधार पर ही आपको क्रेडिट दे सकते हैं।

किसी भी छोटे उद्यम के लिए एक सकारात्मक क्रेडिट प्रोफाइल होना महत्त्वपूर्ण है। इससे ज़रूरत पड़ने पर कम ब्याज दरों पर ऋण लेने में आसानी होती है। यदि शुरुआत में बिज़नेस चलाने के लिए व्यक्तिगत ऋण (पर्स न लोन) ही एक मात्र विकल्प हो, तो कुछ सावधानियाँ ज़रूरी होती हैं। जैसे–

- अपने उद्यम को चलाने के लिए उधार लिए गये धन का अपेक्षाकृत छोटा और प्रबन्धनीय हिस्सा रखें।
- जितनी जल्दी हो सके लिए गये उधार की रकम का भुगतान करें।
- बहुत अधिक उधार लेने से बचें, इससे ब्याज का भार बढ़ता है।

- यदि बिज़नेस ऋण लिया है, तो अपनी व्यक्तिगत क्रेडिट रेटिंग पर नज़दीकी नज़र रखें और सुनिश्चित करें कि इससे आपकी व्यक्तिगत वित्तीय स्थिति को नुक़सान न पहुँचे।

बिज़नेस के लिए व्यक्तिगत ऋण से होने वाले सम्भावित नुक़सान के दृष्टिगत आपको बिज़नेस क्रेडिट एकाउंट खोलना चाहिए। अपने बिज़नेस की क्रेडिट प्रोफाइल यथासम्भव सकारात्मक रखने के लिए आपको वही सब करना होगा जो व्यक्तिगत क्रेडिट स्कोर को पॉज़िटिव रखने के लिए करते हैं। इसमें लगातार अपने बिलों का भुगतान समय पर करना, जिसमें डेबिट या क्रेडिट कार्ड खातों के भुगतान शामिल हैं, ये आपके क्रेडिट स्कोर को बढ़ायेगा। देर से भुगतान करने का पैटर्न, बिलों का भुगतान करने में विफलता, आपके ख़िलाफ़ कोई क़ानूनी निर्णय या आपके ख़िलाफ़ दिवालियापन (बैंकरप्टसी) की कार्यवाही क्रेडिट स्कोर को कम करते हैं।

ऐसी कई कम्पनियाँ हैं जो क्रेडिट प्रोफाइल से सम्बन्धित सेवाएँ प्रदान करती हैं। ये कम्पनियाँ जो आपके क्रेडिट प्रोफाइल में बदलावों की निगरानी करना और उनसे निपटना आसान बनाती हैं। ये सेवाएँ न केवल यह सुनिश्चित करने में आपकी सहायता करती हैं कि आपका क्रेडिट स्कोर अच्छा बना रहे, बल्कि झूठी सूचना दर्ज़ होने पर आपको सचेत करती हैं, जिससे आपको धोखाधड़ी और पहचान की चोरी को रोकने में मदद मिलेगी।[1] भारतीय प्रतिभूति और विनिमय बोर्ड (सिक्योरिटीज़ एंड एक्सचेंज बोर्ड ऑफ़ इंडिया) में रजिस्टर्ड कुछ क्रेडिट रेटिंग संस्थाएँ इस प्रकार हैं–क्राइसिल (सीआरआईएसआईएल), केअर (सीएआरई), इकरा (आईसीआरए), एसएमईआरए (समेरा–एंसएमई रेटिंग एजेंसी ऑफ़ इंडिया लि.), फिच इंडिया आदि।

---

1. https://www.sebi.gov.in/otherntry/aug-2002/registered-credit-rating-agencies_ 20330.html

अध्याय 13

अपने बिज़नेस के लिए बैंक एकाउंट खोलें

स्टार्टअप के मालिक होने के नाते, आप अक्सर भ्रमित हो जाते हैं जब आपके व्यवसाय के लिए सही चालू खाते (करेंट एकाउंट) का चयन करने की बात आती है।[1] भारत में चालू खाता मुख्य रूप से उन व्यापारिक लोगों के लिए है जो बहुत ज़्यादा बैंकिंग लेन–देन करते हैं। चालू खाता एक बैंक खाता है जो किसी उद्यमी के बैंकिंग लेनदेन को आसान और सहज बनाता है। यह खाता उद्यमी, प्रोप्राइटर, फर्म, कम्पनियों और अन्य व्यावसायिक उद्यमों के लिए बहुत अच्छा है।

चालू खाते की प्रमुख विशेषताएँ और सुविधाएँ

ज़ीरो इंटरेस्ट एकाउंट–चालू खाते में जमा धनराशि पर कोई ब्याज नहीं मिलता है।

बार–बार जमा और निकासी–आपके चालू बैंक खाते में लेन–देन की संख्या की कोई सीमा नहीं होती है और इसके माध्यम से बहुत बड़ी संख्या में वित्तीय लेन–देन किया जा सकता है।

ओवरड्राफ्ट सुविधा–एक चालू खाता आपको अपनी छोटी अवधि की ज़रूरतों को पूरा करने के लिए अपने बैंक खाते में शेष राशि को ओवरड्रॉ करने की अनुमति देता है।

बिज़नेस और व्यक्तिगत ख़र्चों के बीच अन्तर–आप अपने चालू खाते का उपयोग अपनी व्यावसायिक आय और सम्बन्धित ख़र्चों के विवरण को जानने के लिए कर सकते हैं। इससे आपके बिज़नेस और व्यक्तिगत वित्तीय संसाधनों को अलग–अलग रखने में मदद मिलती है।

1. https://fintrakk.com/best-current-account-bank-small-business-india/

क्रेडिट रेटिंग में सुधार–आपके बिज़नेस के नाम में करेंट एकाउंट होना निश्चित रूप से आपकी विश्वसनीयता और व्यवसाय करने की गम्भीरता को दर्शाता है।

मूल्य–संवर्धित सेवाएँ (वेल्यू–एडिड सर्विसेज़)–चेक–बुक सुविधा, इंटरनेट बैंकिंग और मोबाइल बैंकिंग बुनियादी और सामान्य सेवाएँ हैं जो आपको प्रत्येक बैंक खाते के साथ मिलती हैं। इसके अलावा कुछ बैंकों में करेंट या चालू खाते से निःशुल्क पे–ऑर्डर/डिमांड ड्राफ्ट, तत्काल एनईएफटी/आरटीजीएस सुविधा, बहु–स्थान स्थानान्तरण आदि सुविधाएँ प्रदान करते हैं।

भारत में नयी कम्पनियों/स्टार्टअप्स के लिए चालू खाता खोलने के लिए कुछ बैंक इस प्रकार हैं–आईसीआईसीआई बैंक करेंट एकाउंट, एचडीएफसी स्मार्टअप एकाउंट, एक्सिस बैंक स्टार्टअप एकाउंट, यस बैंक हेड स्टार्टअप एकाउंट आदि। इसके अलावा राष्ट्रीयकृत बैंकों में करेंट एकाउंट खोलने की सुविधा होती है।

अब तत्काल भुगतान के लिए नयी तकनीकें आ गयी हैं, इसमें क्रेडिट कार्ड, ऑनलाइन या नेट–बैंकिंग और मोबाइल बैंकिंग प्रमुख हैं। इन सुविधाओं का लाभ कम्प्यूटर, टैबलेट और स्मार्टफ़ोन पर किसी भी स्थान से उठाया जा सकता है। इन तकनीकों से बैंक व्यावसायिक ग्राहकों को किसी भी समय अपने एकाउंट को ऑनलाइन देखने और लेन–देन करने की क्षमता प्रदान करते हैं– जिनमें नक़द प्रबन्धन, विदेशी मुद्रा, परिसम्पत्ति प्रबन्धन और अन्तरराष्ट्रीय बैंकिंग आदि हैं। इसके साथ ही मोबाइल फ़ोन पर लेन–देन के एलर्ट भी भेजे जाते हैं।

नयी तकनीक से नयी सुविधाएँ तो मिल रही हैं, लेकिन इंटरनेट आधारित सुविधाओं में हैकिंग और फिशिंग से धोखाधड़ी का डर भी बना रहता है। इसलिए अपने ऑनलाइन एकाउंट की सुरक्षा सुनिश्चित करना भी अत्यन्त महत्त्वपूर्ण है। इसके लिए बैंकों द्वारा भेजे गये सावधानी सन्देशों का पालन तो करना ही चाहिए, साथ ही स्वयं भी सतर्क रहना चाहिए। अपने स्मार्टफ़ोन और कम्प्यूटर में इंटरनेट सिक्योरिटी और ऐंटी–वायरस सॉफ्टवेयर इंस्टाल कर उसको लगातार अपडेट करना चाहिए। बैंक से मिलते–जुलते नाम से आयी हुई ई–मेल में किसी लिंक को क्लिक नहीं करना चाहिए और पासवर्ड नियमित रूप से बदलते रहना चाहिए।

क्रेडिट फाइनेंस

आपकी कम्पनी के दिन–प्रतिदिन के काम–काज को चलाने के लिए बैंक

क्रेडिट प्रदान करते हैं। ये कई तरह के होते हैं, जैसे बिज़नेस क्रेडिट कार्ड, पर्सनल लोन, बिज़नेस टर्म लोन और सरकारी योजनाओं के अन्तर्गत प्रदान किये जाने वाली सुविधा।

बिज़नेस टर्म लोन–स्टार्टअप के रोज़मर्रा के काम के लिए आप क्रेडिट कार्ड ले सकते हैं, लेकिन बिज़नेस और पर्सनल क्रेडिट कार्ड में अन्तर होता है। बिज़नेस क्रेडिट कार्ड लेते समय यह ज़रूर देख लें कि कैश एडवांस और बकाया पर वार्षिक ब्याज दर कितनी है। स्वाभाविक है कि आप कम ब्याज दर और अपने बिज़नेस की प्रकृति के अनुसार ही क्रेडिट का चुनाव करेंगे।

पर्सनल लोन–ये तो आप जानते ही होंगे कि पर्सनल लोन लेने में आपको अपने बिज़नेस के बारे में बैंक को कुछ नहीं बताना पड़ता। पर्सनल लोन आपकी व्यक्तिगत क्रेडिट रेटिंग पर निर्भर करता है। अलग–अलग बैंकों में कई तरह के पर्सनल लोन मिलते हैं। लेकिन स्टार्टअप के लिए पर्सनल लोन लेने में जोख़िम इसलिए ज़्यादा होता है क्योंकि समय से किश्त जमा करने में विफल रहने पर आपकी व्यक्तिगत सम्पत्ति या कोलेटरल का नुक़सान हो सकता है।

बिज़नेस टर्म लोन–शुरू में स्टार्टअप्स को बैंक से लोन मिलना थोड़ा मुश्किल होता है। जब आपका बिज़नेस स्थिरता की ओर बढ़ता है, यानि कि रेवेन्यू, ख़र्चे स्थिर होने लगते हैं और लाभ बढ़ने लगता है, तो बैंकों से किसी ख़ास काम के लिए लोन मिलना आसान हो जाता है, जैसे– नया उपकरण, मशीन ख़रीदने के लिए या नये मार्केट में पैठ बनाने के लिए। यदि आप किसी एक बैंक से ही सेवाएँ लेते हैं, तो उससे अच्छे रिश्ते बन जाते हैं क्योंकि आप बैंक को भी बिज़नेस देते हैं। ऐसे में बैंक भी आपकी मदद करने को तैयार रहता है।

इनके अलावा आप लाइन ऑफ़ क्रेडिट और ओवरड्राफ्ट के माध्यम से भी अपनी कम्पनी के लिए धनराशि की व्यवस्था कर सकते हैं, किन्तु इनसे सम्बन्धित नियम और शर्तों को अच्छी तरह से समझना ज़रूरी है।

क्रेडिट या डेबिट कार्ड से भुगतान कैसे प्राप्त करें–भारत में अनेक पेमेंट गेटवे उपलब्ध हैं, जिनके माध्यम से आप सभी प्रकार के डेबिट या क्रेडिट कार्ड या ऑनलाइन वॉलेट्स से भुगतान प्राप्त कर सकते हैं। इस व्यवस्था में बैंक के परामर्श से पेमेंट गेटवे को अपने एकाउंट और वेबसाइट में इंटीग्रेट करवाना चाहिए।

अध्याय 14

इंटरनेट, तकनीक, प्लेटफ़ॉर्म्स, वेंडर

तेज़ी से बदलती हुई तकनीक और इंटरनेट के उपयोग से अब बहुत कुछ ऐसा करना सम्भव हो गया है, जिसके बारे में आज से 15 साल पहले तक सोचना भी मुश्किल था। अब आप अपने घर में बैठकर दुनिया के किसी भी कोने में वीडियो कॉन्फ्रेन्सिंग, लेन–देन, समझौते, ख़रीद–फरोख़्त, प्रचार–प्रसार, सब कुछ बड़ी आसानी से कर सकते हैं। इसलिए अपने स्टार्टअप की सफलता के लिए नयी तकनीकों, इंटरनेट और नये हार्डवेयर का सदुपयोग करना समझदारी तो है ही, अनिवार्य भी है। ऑनलाइन काम–काज की बढ़ती हुई लोकप्रियता और प्रचलन के कारण सॉफ्टवेयर एज ए सर्विस (SaaS) के टूल्स का उपयोग कीजिए। ये टूल्स आपको अपनी आवश्यकतानुसार चुनने चाहिए और अच्छी बात यह है कि ये स्वयं ही अपडेट होते रहते हैं।

हार्डवेयर व सॉफ्टवेयर–वैसे तो अब बहुत से काम ऑनलाइन होने लगे हैं, फिर भी यदि आपके पास, आपके कार्यालय और सहयोगियों व सहकर्मियों के पास समान प्रकार के हार्डवेयर और सॉफ्टवेयर हों तो काम करना आसान हो जाता है। भारत में डेस्कटॉप और लैपटॉप पर प्रमुख रूप से माइक्रोसॉफ्ट की विंडोज़ और स्मार्टफ़ोन व टैब पर गूगल के एंड्रॉयड ऑपरेटिंग सिस्टम का उपयोग होता है। एपल (Apple) के आईओएस (iOS) की तुलना में ये सस्ते होते हैं और आसानी से उपलब्ध हैं। यदि आपको एपल के प्रोडक्ट पसन्द हैं, तो आप उनका उपयोग भी कर सकते हैं।

पत्र, प्रस्ताव, रिपोर्ट, वर्कशीट, प्रेज़ेंटेशंस और डाटाबेस आदि बनाने के लिए ज़्यादातर माइक्रोसॉफ्ट के ऑफ़िस सुइट का उपयोग होता है।

इसके अलावा अब गूगल की ऐप्स भी ऑनलाइन या क्लाउड पर निःशुल्क उपलब्ध हैं, इस पर तैयार किये गये डॉक्यूमेंट्स माइक्रोसॉफ्ट के ऑफ़िस सुइट पर भी खोले जा सकते हैं और उन पर काम किया जा सकता है। ई–मेल करने के लिए अधिकांशतः गूगल के जीमेल (Gmail) का उपयोग होता है।

क्लाउड होस्टिंग–पहले की तरह अब कम्पनियों को अपनी वेबसाइट या पोर्टल आदि होस्ट करने के लिए अपना सर्वर ख़रीदने की ज़रूरत नहीं है। अब मार्केट में अनेक वेंडर हैं, जो आपको सर्वर और क्लाउड सर्विसेज़ उपलब्ध कराते हैं। अपनी आवश्यकताओं के अनुसार अपने या प्रोफ़ेशनल तकनीकी विशेषज्ञ की सलाह से आप क्लाउड सर्विसेज़ ख़रीद सकते हैं।

इस तकनीकी युग में किसी भी बिज़नेस के विस्तार और सफलता के लिए तेज़ी से एडवांस होती हुई टेक्नोलॉजी का सदुपयोग बहुत महत्त्वपूर्ण है। ऊपर बताये गये विभिन्न उपयोगों के अलावा सर्वेक्षण, कस्टमर रिलेशनशिप मैनेजमेंट, मानव संसाधन, डिजिटाइज़्ड फ़ाइलों के माध्यम से काम और फ़ाइलों को सुरक्षित रखना, ग्राहकों कीं समस्याओं के निराकरण (कस्टोमर केयर एंड सपोर्ट), ई–सिग्नेचर, टेलीकॉन्फ्रेंसिंग और सोशियल मीडिया के उपयोग के लिए नवीनतम तकनीक का उपयोग करना चाहिए।

जैसा कि पहले भी बताया गया है कि **सोशियल मीडिया** पर अपने बिज़नेस और प्रोडक्ट या सर्विस के प्रचार व प्रसार के लिए फ़ेसबुक, ट्विटर, लिंक्डइन आदि पोर्टल्स पर कम्पनी का प्रोफाइल बना कर नियमित रूप से अपडेट करते रहना चाहिए। इन साइट्स को मैनेज करने के लिए Talk walker Alerts, Tweet Deck, Social Bee, Hootsuite, Buffer, Sprout Social, eClincher, Unsplash (इमेजेस के लिए) आदि विकल्प हैं।

अध्याय 15

डाटा विश्लेषण से बिज़नेस का मूल्यांकन

स्टार्टअप की शुरुआत में जब आप अकेले संस्थापक या 1–2 सहसंस्थापक होते हैं और आप स्वयं सभी काम करते हैं, तो बिज़नेस की प्रगति का मूल्यांकन करना आसान होता है। लेकिन जैसे–जैसे आपका बिज़नेस बढ़ेगा, आपको इसके लिए विशेष प्रयास करने होंगे।

न्यूनतम व्यवहार्य उत्पाद (मिनिमम विएबल प्रोडक्ट–एमवीपी) के माध्यम से प्रयोगात्मक सुधार (एक्सपेरिमेंटल इम्प्रूवमेंट)– न्यूनतम व्यवहार्य उत्पाद (एमवीपी) एक विकास–तकनीक है, जिसमें आप के प्रोडक्ट को शुरुआत में अपनाने वालों को सन्तुष्ट करने के लिए न्यूनतम पर्याप्त विशेषताओं के साथ एक नया प्रोडक्ट या सर्विस विकसित की जाती है। उत्पाद के प्रारम्भिक उपयोगकर्ताओं से प्रतिक्रिया पर विचार करने के बाद प्रोडक्ट या सुविधाओं का अन्तिम स्वरूप विकसित किया जाता है। अपने भविष्य के प्रोडक्ट या सर्विस की ग्राहकों के लिए उपयोगिता का पता, प्रचार के विभिन्न माध्यमों से प्रोडक्ट की जानकारी ग्राहकों तक पहुँचा कर, उनके फीडबैक के आधार पर लगाया जा सकता है।

आप ग्राहकों को विभिन्न श्रेणियों में बाँटकर अपने प्रोडक्ट या सर्विस की विशेषताओं को अलग–अलग तरह से उनको बताकर उनकी प्रतिक्रिया ले सकते हैं। इसके अलावा, प्रोडक्ट की भिन्न परिकल्पनाओं (हाइपोथीसिस) को ऑनलाइन विज्ञापन के माध्यम से ग्राहकों का फीडबैक ले सकते हैं। परिणामों में आपके विज्ञापन सन्देश के लिए कितने लोगों ने साइन–अप किया, वार्षिक और आजीवन सब्सक्रिप्शन के लिए तैयार हुए, प्रत्येक ग्राहक के लिए जीवन भर की मूल्य दरें और प्रति ग्राहक बिक्री एवं मार्केटिंग गतिविधियों की लागत शामिल होगी। इस बेसलाइन मेट्रिक्स का उपयोग

आप अपने प्रोडक्ट में भविष्य के संशोधनों या बदलाव की सफलता या विफलता को मापने के लिए कर सकते हैं।

समय के साथ इस तरह के कई छोटे और सरल प्रयोगों की एक श्रृंखला आपके विकास मॉडल को और अच्छा करने में मदद करेगी। ध्यान दें कि प्रत्येक प्रयोग में एक और केवल एक परिकल्पना का परीक्षण करना महत्त्वपूर्ण है।

अपने एमवीपी के लिए ग्राहकों की प्रतिक्रियाओं के बारे में अतिरिक्त जानकारी प्राप्त करने के लिए प्रयोगात्मक प्रोडक्ट को सर्वेक्षण और फीडबैक के साथ जोड़ा जा सकता है। उदाहरण के लिए, नेट प्रमोटर स्कोर का उपयोग किसी समस्या के विशेष समाधान के लिए और ग्राहकों के सन्देह या उत्साह के बारे में विश्लेषण करने के लिए किया जा सकता है। इस प्रणाली में ग्राहकों से एक ही सवाल का जवाब देने के लिए कहा जाता है–'आप द्वारा हमारी कम्पनी के बारे में किसी मित्र या सहकर्मी को बताने की क्या सम्भावना है?' सवाल के जवाबों को 'बिल्कुल नहीं' से 'ज़रूर' की श्रेणियों में बाँट लीजिए। 'यदि 'ज़रूर' ज़्यादा हैं तो आपके प्रमोटर भी ज़्यादा हैं। यदि 'बिल्कुल नहीं' के जवाब ज़्यादा हैं, तो भी निराश न हों। अधिकतर नयी कम्पनियों के साथ ऐसा ही होता है।

इस प्रकार इकट्ठा की गयी जानकारी और डाटा का अर्थपूर्ण होना आवश्यक है। जानकारी इस तरह की होनी चाहिए, जिसको आसानी से समझा जा सके और उस पर कम्पनी के हित में कार्यवाही की जा सके। इस डाटा को सुरक्षित रख उसका सदुपयोग करना चाहिए।

ऑनलाइन डाटा का विश्लेषण–जैसा कि पहले भी बताया गया है कि आपके स्टार्टअप की उपस्थिति ऑनलाइन होना अनिवार्य है। गूगल एनालिटिक्स और इसके समान अन्य टूल्स से आप अपनी वेबसाइट या कम्पनी से सम्बन्धित वेब पेज को देखने वाले लोगों की प्रतिक्रिया के बारे में जान सकते हैं। जैसे–लोग कितनी देर तक आपकी वेबसाइट पर रुकते हैं या जल्दी ही छोड़ देते हैं। यदि जल्दी छोड़ देते हैं, तो उसके क्या कारण हैं, आदि। इन कारणों का पता लगने पर रणनीति, प्रोडक्ट या सर्विस, प्रचार व विज्ञापन के तरीक़ों में अपेक्षित सुधार और संशोधन किया जा सकता है।

प्रगति का मूल्यांकन–ऊपर बताई गयी विश्लेषण की विभिन्न विधियाँ स्टार्टअप के ग्राहकों की संख्या, सेल्स रेवेन्यू और लाभ की ऊँची दर प्राप्त करने के लिए सबसे प्रभावी रणनीतियों को परिभाषित करने में मदद करने के लिए है। इसके अलावा आपको अन्य ऐसे पक्षों पर प्रयोग करने पर विचार करना चाहिए, जो आपकी विकास दर को प्रभावित कर सकते हैं। इसमें प्रमुख रूप से प्रोडक्ट या सर्विस का मूल्य, ग्राहकों तक पहुँच बनाने का माध्यम और ग्राहकों द्वारा निर्णय करने की प्रक्रिया शामिल है।

ऐसा देखा गया है कि **प्रोडक्ट का मूल्य** अधिक करने पर बिक्री भी बढ़ जाती है, क्योंकि अच्छी क्वालिटी को अधिक मूल्य के साथ जोड़ कर देखा जाता है। **प्रचार के लिए माध्यम** का चयन सोच–समझ कर अपने प्रोडक्ट या सर्विस की प्रकृति के आधार पर करना चाहिए। उपभोक्ताओं द्वारा आपके प्रोडक्ट को **ख़रीदने का निर्णय** लेने में उन तक प्रोडक्ट की जानकारी पहुँचाना, प्रोडक्ट के प्रति उपभोक्ताओं में रुचि उत्पन्न करना, आपके प्रोडक्ट के बारे में किस प्रकार या वर्ग के लोगों की राय से भावी उपभोक्ता प्रभावित हो सकते हैं और प्रोडक्ट की क्वालिटी तथा मार्केटिंग और सेल्स की विधि की विशेषता, जिसके कारण उपभोक्ता आपके प्रोडक्ट को ख़रीदने का अन्तिम निर्णय ले सकते हैं आदि की जानकारी होनी चाहिए। यह जानने के लिए भिन्न–भिन्न परिकल्पनाओं का निर्धारण कर उनके अनुसार प्रयोग करने चाहिए।

एक बात का ध्यान रखना चाहिए कि इन सब जानकारियों को एकत्रित करने में युक्तिसंगत (रीजनेबल) धन ख़र्च करना चाहिए। प्रति ग्राहक वेबसाइट, मार्केटिंग व बिक्री का मूल्य भी इतना अधिक नहीं होना चाहिए कि लाभ के बजाय हानि होने लगे।

अध्याय 16

स्टार्टअप के लिए फंडिंग और निवेशक (इन्वेस्टर्स)

यदि आप अकेले अपने किसी विशेष कौशल या प्रतिभा के आधार पर स्टार्टअप की शुरुआत करते हैं, तो शायद आपको बहुत अधिक पूँजी की ज़रूरत नहीं है। किन्तु अधिकतर उद्यमों को मशीनरी, कार्यालय भवन, सॉफ्टवेयर, कर्मियों आदि के वेतन के लिए फंड्स की आवश्यकता होती है। यदि बैंकों और अन्य स्रोतों से फंड्स नहीं मिल रहे हैं, तो इसके लिए आपको अपने स्टार्टअप के स्वामित्व की इक्विटी के बदले में निवेशकों (इन्वेस्टर्स) से धन प्राप्त हो सकता है। ये निवेशक अपनी रुचि, हित–लाभ और क्षमता आदि तथा आपके स्टार्टअप की वर्तमान प्रगति व स्थिति के आधार पर आपके उद्यम में निवेश करते हैं।

निवेश की प्रक्रिया और फंडिंग राउंड

उच्च–वृद्धि वाले व्यवसायों में निवेश को अक्सर फंडिंग राउंड की एक श्रृंखला के रूप में वर्णित किया जाता है। तकनीकी रूप से एक फंडिंग राउंड का यह मतलब है कि एक कम्पनी को एक निश्चित अवधि के भीतर समान शर्तों पर एक या अधिक निवेशकों से एक या अधिक बार निवेश मिलता है।

स्टार्टअप में निवेशक तभी निवेश करने पर विचार करते हैं, जब कम्पनी स्थापित हो गयी हो और मार्केट में प्रगति कर रही हो। संस्थापक पारस्परिक परिचितों द्वारा सन्दर्भित निवेशकों से बात करते हैं। यह एक राउंड की शुरुआत कहलाती है।

यदि आपका भाग्य साथ देगा, तो कम–से–कम एक निवेशक निवेश करने की पेशकश करेगा। इन्वेस्टर द्वारा आपके उद्यम की ज़रूरत की पूरी राशि की पेशकश करने की दशा में, और शर्तें परस्पर स्वीकार्य होने पर, औपचारिक काग़ज़ी कार्यवाही की जाती है और अन्तिम एग्रीमेंट या सहमति डॉक्यूमेंट के अनुसार निवेश की धनराशि आपको प्रदान कर दी जाती है। यहीं फंडिंग के एक राउंड का अन्त हो जाता है।

यदि कोई इन्वेस्टर आपकी पूरी आवश्यकता की जगह आंशिक निवेश करने को तैयार हो जाता है, तो निवेशक द्वारा तैयार की गयी शर्तों (टर्म–शीट) के अनुसार आप शेष फंड के लिए अन्य निवेशकों से बातचीत कर सकते हैं। ऐसे में पहले निवेशक को इस फंडिंग राउंड का लीड इन्वेस्टर (प्रमुख निवेशक) कहा जाता है। लीड इन्वेस्टर नहीं मिलने पर स्टार्टअप के संस्थापक स्वयं अपनी टर्म–शीट या शर्तों की सूची के अनुसार एक लीड इन्वेस्टर के रूप में निवेशकों से मिलते हैं। हालाँकि इस विधि से एक भली प्रकार स्थापित लीड इन्वेस्टर की तुलना में अन्य निवेशकों को आकर्षित करने में कठिनाई होती है।

एक आदर्श लीड इन्वेस्टर में निम्न गुण होने चाहिए–

- वे स्टार्टअप व्यवसाय और कम्पनी के विशेष डोमेन से अच्छी तरह परिचित हों, तो कम्पनी की प्रगति में मददगार हो सकते हैं।
- कम्पनी के लिए प्रतिबद्धता होने पर वे स्टार्टअप के लिए फंड जुटाने के दौर में और बाद में कम्पनी की सहायता करेंगे।
- आवश्यक धन के एक बड़े हिस्से को वे निवेश करने को तैयार हों।
- आगामी फंडिंग राउंड के लिए उनके पास धन आसानी से उपलब्ध हो।
- उनके पास अन्य निवेशकों का एक नेटवर्क हो, जिससे कम्पनी को लाभ हो।
- उद्यमी के साथ अच्छे व्यक्तिगत सम्बन्ध हों।

निवेश करने से पहले इन्वेस्टर्स का स्टार्टअप के प्रति दृष्टिकोण

स्टार्टअप के संस्थापक और भावी इन्वेस्टर का कम्पनी के प्रति दृष्टिकोण अलग–अलग हो सकता है। जहाँ संस्थापक उत्साह से भरे हुए अपने

स्टार्टअप में असीम सम्भावनाएँ देखते हैं, वहीं इन्वेस्टर का दृष्टिकोण वास्तविकता व यथार्थ पर आधारित और युक्तिसंगत होता है। इसलिए संस्थापक द्वारा अपने उद्यम को इन्वेस्टर की नज़र से देखना ज़रूरी है, जिससे आसानी से निवेश आकर्षित करने के लिए वह आवश्यक बदलाव कर सके।

आइये जानते हैं कि निवेश करने से पहले इन्वेस्टर्स स्टार्टअप की किन विशेषताओं को देखते हैं।

प्रबन्धन (मैनेजमेंट)—अपने सेक्टर और बिज़नेस करने में संस्थापक का अनुभव तथा उसकी प्रतिभा व कौशल और विशेषज्ञता का स्तर, जिससे उद्यम के सफल होने की सम्भावना अधिक हो। यदि आपकी मैनेजमेंट टीम में संस्थापक या सहसंस्थापक या सीईओ सभी तरह के काम करने में कुशल और सक्षम हों, तब भी निवेशक यह देखते हैं कि अलग–अलग व्यक्ति अपना काम ठीक से करने योग्य हैं या नहीं। निवेश करने से पहले वे प्रबन्धन टीम की पूर्णता चाहते हैं।

कम्पनी के प्रोडक्ट या सर्विस के लिए उपलब्ध बिज़नेस के अवसर व आकार—निवेशक आपके प्रोडक्ट या सर्विस की बाज़ार में माँग और बिज़नेस के लिए उद्योग जगत में भविष्य में उत्पन्न होने वाले अवसरों का मूल्यांकन करते हैं। वे यह देखते हैं कि आपके प्रोडक्ट या सर्विस के सेक्टर में अन्य कम्पनियों के उसी तरह के प्रोडक्ट या सर्विस की माँग और बिक्री कितनी है। इसका मूल्यांकन इन्वेस्टर्स आगामी पाँच वर्षों में स्टार्टअप के रेवेन्यू में वृद्धि का अनुमान लगाकर करते हैं। यदि किसी सेक्टर में बहुत अधिक कम्पनियाँ हैं, तो इन्वेस्टर्स हतोत्साहित होते हैं। यानि कि वे आपके प्रतिस्पर्धियों की संख्या देखते हैं। दूसरी ओर यदि आपकी कम्पनी की प्रतिस्पर्धा में कोई भी न हो या बहुत ही कम कम्पनियाँ हों, तो भी निवेशकों को आकर्षित करना मुश्किल होता है, क्योंकि किसी सेक्टर में कम कम्पनियों का होना यह दर्शाता है कि उसके प्रोडक्ट या सर्विस की माँग और बिक्री कम है।

प्रोडक्ट या सर्विस—यदि आपका प्रोडक्ट या सर्विस ऐसी है, जिससे किसी एक विशेष आवश्यकता की पूर्ति होती हो और उसकी विशिष्ट माँग हो, तो अच्छा है। लेकिन यदि आप सभी तरह की ज़रूरतों को पूरा करने का दावा करें, तो निवेशक कम आकर्षित होते हैं। आपका प्रोडक्ट या

सर्विस ऐसी होनी चाहिए, जिसकी तत्काल ज़रूरत हो और उसके उपयोग के बारे में आसानी से पता चल जाये। साथ ही आपके प्रोडक्ट या सर्विस की नक़ल आसान नहीं होनी चाहिए और बाज़ार में उसके स्थायित्व की सम्भावना भी देखी जाती है। इसलिए निवेशकों से मिलने से पहले इन प्रश्नों के सटीक उत्तर तैयार रखिए।

उद्योग का प्रकार—यदि आपका स्टार्टअप तेज़ी से विकसित होती हुई और कम लागत वाली टेक्नोलॉजी, जैसे आईटी या आईटी इनेबल्ड सर्विसेज़ पर आधारित है, तो अच्छा है, क्योंकि इस प्रकार के उद्यम की ज़रूरत को एक छोटा इन्वेस्टर भी पूरा कर सकता है। इसी तरह बिज़नेस–टू–बिज़नेस या स्टार्टअप–टू–कस्टमर, जिनकी तेज़ी से प्रगति करने की सम्भावना अधिक हो, तो निवेशक आसानी से मिलते हैं।

बिक्री के माध्यम—क्या आपने अपने प्रोडक्ट या सर्विस को ग्राहकों तक पहुँचाने, बिक्री करने, मार्केटिंग व प्रचार आदि की योजना बनाकर लागू की है? यदि नहीं, तो निवेशकों से मिलने के पहले यह सब कर लीजिए।

बिज़नेस की स्थिति—विभिन्न निवेशक बिज़नेस के अलग–अलग चरणों में निवेश करते हैं। इसलिए निवेश पाने के लिए अपने स्टार्टअप को परिकल्पना या अवधारणा की स्थिति से आगे बढ़ाइए।

बिज़नेस प्लान और प्रस्तुतीकरण की गुणवत्ता (क्वालिटी ऑफ़ बिज़नेस प्लान एंड प्रेज़ेंटेशन)—आपका बिज़नेस प्लान व्यापक होने के साथ ही उसका प्रेज़ेंटेशन सुस्पष्ट और सुसंगत रूप से विषय पर केन्द्रित होना चाहिए। इसके विपरीत भ्रमित करने वाला प्रस्तुतीकरण इस बात का संकेतक माना जाता है कि वह स्टार्टअप संघर्षरत रहने वाला है।

इसके अलावा स्टार्टअप्स को प्रोत्साहित करने के लिए सरकार भी अनेक योजनाओं में कई सुविधाएँ और प्रोत्साहन प्रदान करती है। इनकी जानकारी प्राप्त करने के लिए भारत सरकार और जिस प्रदेश में आप उद्यम शुरू करने जा रहे हैं वहाँ की सरकारी वेबसाइट्स, जैसे https://www.startupindia.gov.in/ को देखिए।

अध्याय 17

निवेशकों से कब और कैसे हो सम्पर्क

स्टार्टअप के लिए फंड इकट्ठा करना कोई जादू की छड़ी नहीं है कि घुमाई और काम बन गया। इन्वेस्टर्स से सम्पर्क करने से पहले आपको अपने स्टार्टअप के प्रोडक्ट या सर्विस से लेकर मार्केटिंग तक सबकुछ सुव्यवस्थित कर लेना चाहिए। ऐसा इसलिए, क्योंकि निवेशक कम होते हैं और निवेश की तलाश करने वाली कम्पनियाँ बहुत ज़्यादा।

वेन्चर कैपिटलिस्ट और एंजिल इन्वेस्टर्स उन कम्पनियों को वरीयता देते हैं, जिनको किसी परिचित व्यक्ति द्वारा रिफर किया जाता है या मिलवाया जाता है।

इन्वेस्टर्स से कब करें सम्पर्क

उस निवेशक से मिलना आसान होता है, जिससे आपका थोड़ा–सा भी परिचय हो। उनसे मिलिए और अपने बिज़नेस की संक्षिप्त जानकारी देते हुए एक मीटिंग का निवेदन कीजिए। याद रखिए कि ऐसे निवेदन निवेशकों को हज़ारों की संख्या में मिलते हैं। इसलिए स्टार्टअप नेटवर्क में सक्रिय रहिए, संगोष्ठियों और सम्मेलनों में भाग लीजिए, जिससे निवेशकों के बीच में आपकी उपस्थिति दर्ज़ होती रहे। निवेशकों से तब तक नहीं मिलिए, जब तक आपका प्रोडक्ट या सर्विस या कम–से–कम प्रोटोटाइप तैयार न हो जाये। आपका प्रोडक्ट, मैनेजमेंट टीम, मार्केटिंग रणनीति, वित्त योजना, प्रस्तुतीकरण आदि सब कुछ पूरी तरह से तैयार होने पर ही निवेशकों से फंडिंग के लिए मिलें।

इन्वेस्टर्स से कैसे करें सम्पर्क

किसी एंजिल या वेन्चर कैपिटलिस्ट की पहचान करने के बाद उससे मिलने के लिए ऑनलाइन नेटवर्किंग वेबसाइट्स की मदद लीजिए, इनमें लिंक्डइन ख़ासतौर से अच्छी साइट है। हो सकता है कि आप सीधे निवेशक के नेटवर्क में न हों, लेकिन उसके नेटवर्क के किसी सदस्य के नेटवर्क में हो सकते हैं, जो आप दोनों को जानता हो। इसके अलावा, स्टार्टअप एसोसिएशंस, इनक्यूबेशन सेंटर्स और औद्योगिक संगठनों के माध्यम से भी सम्पर्क किया जा सकता है।

किसी ब्रोकर के माध्यम से मिलने से बचिए, क्योंकि निवेशक ब्रोकर के माध्यम के बजाय आपकी कम्पनी में सीधे निवेश करना बेहतर समझते हैं।

अध्याय 18

निवेशकों से अभी और भविष्य में अधिकतम फंड्स कैसे प्राप्त करें

मान लीजिए हज़ारों उद्यमों में से आपके स्टार्टअप को एंजिल इन्वेस्टर मिल गये। यह एक सौभाग्य की बात है, किन्तु अब नयी चुनौतियों का सामना भी होता है। एक तरफ़ तो आपको इन्वेस्टर्स के अनुभव और विवेक का लाभ उठाते हुए अपने स्टार्टअप में उनकी रुचि को बनाये रखना है, और दूसरी ओर अपने उद्यम के दिन–प्रतिदिन के काम–काज को भी देखना है।

अब आपकी सफलता में बिज़नेस जगत के जाने–माने और अनुभवी लोगों का भी निवेश हो गया। उनकी नेटवर्किंग, मार्गदर्शन और अनुभव का लाभ उठाने के लिए यह ज़रूरी है कि आप निवेशकों से अपने सम्बन्धों को शुरू में ही अच्छी तरह स्पष्ट रूप से परिभाषित कर दें और उनको यथोचित सम्मान दें।

- अपने **लीड इन्वेस्टर** से अच्छे सम्बन्ध बनायें, क्योंकि वे अन्य निवेशकों से संवाद का माध्यम और आपकी बोर्ड बैठकों में अक्सर शामिल होने वाले व्यक्ति होंगे। इसका ये मतलब कदापि नहीं है कि अन्य इन्वेस्टर्स से आप संवाद व सम्पर्क ही न करें।
- निवेशकों के साथ समय से नियमित एवं पूर्ण संवाद बनाये रखिए। आप और उनके बीच में सहमति के अनुसार सभी रिपोर्ट्स और कम्पनी की प्रगति की सूचना उनको भेजते रहिए। इसके लिए ई–मेल ग्रुप या किसी मैसेजिंग ऐप पर ग्रुप बनाकर निरन्तर संवाद स्थापित करना चाहिए।

- इसके अलावा साल में कम–से–कम तीन बार कॉन्फ्रेंसिंग कर अपने निवेशकों के प्रश्नों का ईमानदारी से उत्तर दीजिए।
- याद रखिए कि आपके स्टार्टअप में निवेश करने वाले इन्वेस्टर्स का हित भी कम्पनी की प्रगति से जुड़ा हुआ है। इसलिए नये ग्राहकों, बाज़ारों, टीम के सदस्यों आदि की ज़रूरत पड़ने पर निवेशकों को बतायें। इससे नये निवेशक मिलने में भी आसानी होती है।
- अपने स्टार्टअप से सम्बन्धित सभी डॉक्यूमेंट्स, जैसे कॉन्ट्रैक्ट, लीज़, व्यापार से सम्बन्धित अन्य डॉक्यूमेंट्स व बुक्स आदि अपडेट रखिए। इससे निवेशकों द्वारा कभी भी माँगी गयी सूचना आप तुरन्त दे सकेंगे।
- शुरू से ही यह स्पष्ट कर दीजिए कि आपको निवेशकों से क्या अपेक्षाएँ हैं, और क्योंकि यह एक व्यक्ति का अनेक लोगों से संवाद होगा, इसलिए नियमित सूचना का आश्वासन देते हुए उनसे युक्तिसंगत संवाद करने का निवेदन कीजिए।

अपने निवेशकों से अतिरिक्त इन्वेस्टमेंट प्राप्त करें

मौजूदा निवेशकों से फिर से निवेश प्राप्त करने की सम्भावना निम्नलिखित कारकों पर निर्भर करेगी–

1. कम्पनी की प्रगति कैसी है;
2. आपने अपने निवेशकों के साथ पहले कितना अच्छा व्यवहार किया है;
3. नये राउंड के समय का मूल्यांकन मूल निवेश की तुलना में कैसा है;
4. नये राउंड में निवेश के लिए क्या शर्तें हैं; तथा
5. प्रत्येक निवेशक के पास इस समय निवेश करने के लिए कितनी नक़दी उपलब्ध है।

ऊपर दिये गये बिन्दुओं के अनुकूल होने पर नया निवेश आसान हो जाता है।

अध्याय 19

कम्पनी का मूल्यांकन

व्यवसाय का सही ढंग से मूल्यांकन करना महत्त्वपूर्ण है। ऐसा नहीं करने पर कम्पनी का भविष्य प्रभावित होगा। यदि किसी स्टार्टअप के पास अपने दोस्तों और परिवार के निवेश राउंड में अनुचित रूप से ऊँचा मूल्यांकन है, तो बाद के निवेश पर विचार करने वाले वेन्चर कैपिटलिस्ट और एंजिल इन्वेस्टर्स के चिन्तित होने की सम्भावना है।

एक संस्थापक के रूप में आप अपने स्टार्टअप का मूल्यांकन भविष्य में होने वाली सम्भावित या अपेक्षित प्रगति के आधार पर करना चाहेंगे, जबकि इन्वेस्टर्स वर्तमान स्थिति के आधार पर। वास्तविक मूल्यांकन इन दोनों के बीच का होता है। अन्ततः जो मूल्यांकन निर्धारित होता है, उस पर ग्राहकों की संख्या, कम्पनी की रेवेन्यू, कम्पनी के हित में समझौते करने की क्षमता तथा इन्वेस्टर्स का रुख निर्भर करता है।

निवेशक विभिन्न तथ्यों के आधार पर किसी कम्पनी का मूल्य तय करते हैं। इसमें व्यवसाय में होने वाली प्रगति और भविष्य की सम्भावनाएँ प्रमुख हैं। बिज़नेस प्लान को लागू करने की प्रतिबद्धता और कम्पनी में लाभ की सम्भावनाएँ आदि को देखा जाता है।

अन्ततोगत्वा स्टार्टअप में निवेश एक मार्केट ट्रांजैक्शन होता है, जिसमें दोनों पक्षों को यह विश्वास करना होता है कि वे जो कुछ भी प्रदान कर रहे हैं या उपलब्ध करा रहे हैं, उसके लिए उन्हें उचित मूल्य मिल रहा है। निवेशक द्वारा कम्पनी में निवेश की राशि के अनुपात में उसको कम्पनी के एक अंश का स्वामित्व मिलता है। इसी अनुपात के आधार पर 'निवेश

के पूर्व' कम्पनी का मूल्य पता किया जा सकता है। कम्पनी के मूल्यांकन की प्रचलित कुछ विधियाँ इस प्रकार हैं[1]–

बेरकस विधि–इसमें 5 मापदण्डों पर कम्पनी का मूल्यांकन किया जाता है। कम्पनी की अवधारणा (मौलिक मूल्य), प्रोटोटाइप (तकनीक़), मैनेजमेंट टीम, रणनीतिक सम्बन्ध तथा उत्पाद व बिक्री।

जोख़िम आधारित विधि–निवेश एवं रेवेन्यू से पूर्व कम्पनी का जोख़िम आधारित मूल्यांकन किया जा सकता है। इसमें समेकित जोख़िम के बजाये जोख़िमों को श्रेणीवार बाँट कर अंक प्रदान किये जा सकते हैं। इसमें प्रबन्धन या मैनेजमेंट रिस्क सबसे महत्त्वपूर्ण होता है। अन्य जोख़िम इस प्रकार हो सकते हैं–

- प्रबन्धन जोख़िम (मैनेजमेंट रिस्क)
- व्यापार की स्थिति या चरण पर आधारित जोख़िम (स्टेज ऑफ़ बिज़नेस रिस्क)
- विधायी/राजनीतिक जोख़िम (लेजिस्लेटिव/पॉलिटिकल रिस्क)
- मैन्यूफैक्चरिंग जोख़िम (मैन्यूफैक्चरिंग रिस्क)
- बिक्री और मार्केटिंग जोख़िम (सेल्स एंड मार्केटिंग रिस्क)
- फण्डिंग/पूँजी जुटाने का जोख़िम (फंडिंग/कैपिटल रेइजिंग रिस्क)
- प्रतिस्पर्धात्मक जोख़िम (कॉम्पिटिशन रिस्क)
- तकनीकी जोख़िम (टेक्नोलॉजी रिस्क)
- क़ानूनी विवाद का जोख़िम (लिटिगेशन रिस्क)
- अन्तरराष्ट्रीय जोख़िम (इंटरनेशनल रिस्क)
- प्रतिष्ठा या छवि से सम्बन्धित जोख़िम (रेपुटेशन रिस्क)
- सम्भावित आकर्षक निकास (पोटेंशियल लुक्रेटिव एक्ज़िट)

अब इन जोख़िमों को कम्पनी के सन्दर्भ में धनात्मक (पॉजिटिव), शून्य और ऋणात्मक (निगेटिव) अंक प्रदान किये जा सकते हैं। यदि पॉजिटिव अंक अधिक हैं, तो निवेश एवं रेवेन्यू से पूर्व मूल्यांकन अधिक होगा और निगेटिव होने पर कम होगा।

लेन–देन की तुलना पर आधारित मूल्यांकन–इसमें कम्पनी के मासिक आवर्ती राजस्व (मन्थली रिकरिंग रेवेन्यू), एचआर हेडकाउंट,

---

1. https://inc42.com/resources/valuation-startups-9-methods-explained/

आउटलेट्स की संख्या, पेटेंट (तकनीकी), साप्ताहिक सक्रिय उपयोगकर्ताओं की संख्या के आधार पर मूल्यांकन किया जाता है।

परिसमापन (लिक्विडेशन) विधि—बेचने के दृष्टिकोण से यह विधि बहुत अच्छी नहीं मानी जाती है। जैसा कि स्पष्ट है, इस विधि से मूल्यांकन तब किया जाता है, जब बिज़नेस बन्द होने जा रहा हो। इसमें कम्पनी की भौतिक परिसम्पत्तियों (टैंगीबल एसेट्स), जैसे भूमि, भवन व फ़र्नीचर इत्यादि, का मूल्यांकन किया जाता है।

इसके अतिरिक्त, कम्पनियों की ऑनलाइन उपस्थिति बढ़ने के कारण अब वास्तविक निवेश, भौतिक परिसम्पति एवं अमूर्त आस्तियों (इनटैंगीबल एसेट्स) के आधार पर शुरुआती और उच्च प्रगति वाले स्टार्टअप्स का काफ़ी हद तक सटीक मूल्यांकन सम्भव है।

अध्याय 20

सुरक्षित व लाभप्रद निकासी

एक प्रगतिशील स्टार्टअप को स्थापित करने और संचालित करने का मूल उद्देश्य उससे लाभ प्राप्त करना होता है। आप अपनी कम्पनी को जीवनभर चला सकते हैं और मुनाफ़ा कमा सकते हैं।

यदि वेन्चर कैपिटल व एंजिल इन्वेस्टर्स की रुचि आपके स्टार्टअप में बढ़ने लगती है, तो ऐसा करना थोड़ा मुश्किल हो जाता है। कम्पनी में निवेश करने पर वेन्चर कैपिटल एवं एंजिल इन्वेस्टर्स को उम्मीद होती है कि उनके द्वारा निवेशित राशि और लाभ उन्हें कुछ ही वर्षों में वापस मिल जायेगा। अधिकतर इन्वेस्टर्स उच्च वृद्धि वाले स्टार्टअप्स में पहले 5 साल तो निवेश करते हैं और उसके बाद के 5 वर्षों में वे स्टार्टअप को निकासी (एक्ज़िट) करने के लिए प्रेरित करते हैं। हालाँकि बड़े और सफल स्टार्टअप 10 साल की अवधि से ज़्यादा बिज़नेस में रहते हैं, जैसे ट्विटर, लिंक्डइन, फ़ेसबुक इत्यादि।

एक संस्थापक के रूप में 10 साल की अवधि में आपका स्टार्टअप विभिन्न परिस्थितियों में हो सकता है, इनमें आईपीओ (सबसे कम सम्भावना), अधिग्रहण (एक्विजीशन) (40 प्रतिशत), बिज़नेस का बन्द हो जाना (50 प्रतिशत) की सम्भावना हो सकती है।

आईपीओ की जटिल और महँगी प्रक्रिया होने के कारण एक उच्च वृद्धि दर वाले स्टार्टअप के लिए अधिग्रहण ही सबसे अच्छा व लाभप्रद परिदृश्य होता है। यह स्टार्टअप के प्रोडक्ट या सर्विस की मार्केट व लोकप्रियता पर निर्भर करता है कि अधिग्रहण करने वाली कम्पनी उस प्रोडक्ट या सर्विस को जारी रखती है या नहीं। अधिकतर स्टार्टअप्स का

स्वामित्व उनके संस्थापकों और शुरुआत के इन्वेस्टर्स के पास होता है, अतः लाभ भी उन्हीं को होता है। यदि अधिग्रहण करने वाली कम्पनी की स्टार्टअप की टीम, कोर प्रोडक्ट आदि में रुचि होती है, और वह स्टार्टअप की अवधारणा (बेसिक आइडिया) तथा टीम को अपनी कम्पनी में सम्मिलित करती है, तो स्टार्टअप को कम लाभ होता है।

अध्याय 21

प्रभावकारी सम्प्रेषण

जैसे जो कुछ चमकता है वह सोना नहीं होता, इसी प्रकार जो कुछ सम्प्रेषित किया जाता है वह सबका सब प्रभावकारी नहीं होता। हमारे संवाद, सन्देश या कथन की कसौटी है उसका कारगर होना या अपने उद्देश्य में सफल होना। प्रभावकारी सम्प्रेषण तो जीवन के लिए पानी के समान महत्त्वपूर्ण है क्योंकि

- हमें इसकी प्यास रहती है और यह प्यास बुझाता है।
- यह जीवन बचाता है, इसके बग़ैर जान भी जा सकती है।
- इसके दुर्लभ होने पर हम इसकी प्रशंसा करते हैं। यह लगातार दुर्लभ और महँगा होता जा रहा है।
- जब इसकी आपूर्ति प्रचुर होती है तो हम इसकी ओर लापरवाही बरतते हैं।
- इसकी आपूर्ति की तुलना में खपत की दर अधिक तेज़ होती है।
- नल में आने से पहले जैसे पानी छान लिया जाता है वैसे ही हमारा व्यक्त किया गया कथन भी कुछ कसौटियों पर कस लिया जाता है याने कचरा हटा लिया जाता है।
- यह बहता रहा है। परन्तु इसके अविरल बहने के पीछे के कारण मुश्किल से ही दिखायी देते हैं या अनसराहे रह जाते हैं।

प्रभावकारी सम्प्रेषण पानी जैसा महत्त्वपूर्ण तो है ही इसकी एक और ख़ूबी यह है कि यह हर समय उपलब्ध होना चाहिए। ऐसा नहीं है कि जब इच्छा हो तभी प्रभावकारी तरीक़े से बात की जाये, अन्यथा प्रभावकारिता की छुट्टी कर दी जाये। जो लोग सम्प्रेषण के अवसरों को टालते रहते हैं वे इस मूर्खता से अपने अच्छे भविष्य को गँवाते रहते हैं।

इससे सम्प्रेषण की एक खाई खड़ी हो जाती है और संगठन के उत्साह में कमी आ जाती है।

सम्प्रेषण तीन मुख्य तरीक़ों से होता है–पहला मौखिक भाषा या बोले गये शब्दों के ज़रिये, दूसरा लिखित भाषा या लिखित शब्दों के ज़रिये और तीसरा शारीरिक भाषा या चेहरे के हावभाव, हाथों की मुद्राओं और इशारों के ज़रिये। इन तीनों का प्रयोग एक ही सन्देश को भेजने में किया जा सकता है।

मौखिक भाषा के लक्षण इस प्रकार हैं–

1. तब नहीं सुनाई देती जब इसकी बहुत ज़रूरत होती है।
2. सीधी–सादी किन्तु गूढ़ अर्थ वाली।
3. अक्सर ग़लत ढ़ंग से उपयोग में लायी जाती है, और ग़लतफ़हमी को जन्म देती है। अतः कभी–कभी शब्दों के बग़ैर सम्प्रेषण का अपना आकर्षण है। यदि शब्द व्यवहार के मामले में आपका हाथ तंग नहीं है फिर भी आप कंजूसी से इनका इस्तेमाल करते हैं तो अवश्य ही आपका सम्प्रेषण सटीक और सार्थक होगा। इसका एक लाभ यह भी है कि कम बोलने के कारण वार्तालाप में दूसरे को सुनने का समय आपको अधिक मिलेगा।
4. कभी उम्मीद जगाती है, कभी चोट भी पहुँचाती है।
5. जल्दबाज़ी में किया गया इस्तेमाल बड़बड़ जैसा हो सकता है और निरर्थक बनकर हवा में लीन हो जाता है। बोलते समय बनने वाले थूकों को निगला जा सकता है किन्तु बोल से निकलने वाले तात्पर्य को नहीं। अतः ज़ुबान का इस्तेमाल बोलते समय बहुत समझ–बूझकर ही करना चाहिए।
6. हर समय समान प्रभावकारी नहीं होती। बोलने वाले के लिए रोकी न जा सकने वाली परन्तु सुनने वाले के लिए गुस्सा दिलाने वाली हो सकती है।
7. भावना की सचाई या इसमें थोड़ी या ज़्यादा कमी के कारण यह मनचाही, चालाक या गूढ़ बन जाती है।
8. अक्सर इसकी खोज होती है किन्तु मिलती कम है।
9. लिखित शब्दों की तुलना में यह कम संक्षिप्त और कम सटीक होती है।

10. कभी–कभी हानिकारक हो जाती है कि इसे अनसुना करना ही बेहतर है।

लिखित शब्द वह है जिसे लेखन द्वारा निश्चित तरीके से बाँध लिया गया है। इसकी विशेषताएँ इस प्रकार हैं–

1. सम्प्रेषण के क्षेत्र में जो न तो मौखिक भाषा और न ही शारीरिक भाषा है उस बचे हुए दायरे को लिखित शब्द कहते हैं।
2. लिखित शब्द द्वारा ही सम्प्रेषण को रिकार्ड बनाकर रखा जा सकता है। वेद, बाइबल, कुरान या शेक्सपियर और रवीन्द्रनाथ या किसी भी लेखक का साहित्य आने वाली पीढ़ियों के लिए भी सुरक्षित रह पाता है।
3. संस्थागत सम्प्रेषण हमेशा लिखित शब्द के माध्यम से सम्पन्न होता है ताकि जवाबदेही ठहरायी जा सके और इसे पढ़कर अन्य लोग जान सकें, सीख सकें।
4. साहित्य, संस्कृति, कला, विज्ञान और दर्शन आदि की परम्पराओं को लिखित शब्दों द्वारा ही गति और संरक्षण प्राप्त होता है।
5. अज्ञान और निरक्षरता लिखित शब्द के दुश्मन हैं।
6. लिखित शब्द का पसारा बहुत व्यापक है। नये–पुराने साहित्य से लेकर धर्मग्रन्थ, देश का संविधान सरकार के शासनादेश आदि।

अच्छे और प्रभावकारी सम्प्रेषक कौन हैं?

ये वे लोग हैं जो इस कला की समझ के साथ इसे व्यवहार में लाते हैं। वे यथासम्भव स्पष्ट और संक्षिप्त होने का महत्त्व समझते हैं।

उन्हें पता है कि वे क्या कहना चाहते हैं, किसके बारे में किससे और क्यों?

उनकी नज़रों के सामने सदैव उनका पाठक होता है। वे यह भी भली–भाँति जानते हैं कि उनके पाठक वर्ग की भाषा की कुशलता, आवश्यकताएँ और आकांक्षाएँ समझता है। उन्हें इस तथ्य का भी अहसास है कि पाठक किस तरह उनके लेखन की अलग–अलग व्याख्या कर सकते हैं। यही कारण है कि लिखित शब्दों के उचित प्रयोग से अपने विचारों को सही मायने में पाठकों के समक्ष प्रस्तुत किया जा सकता है। और यह कहा जा सके कि यही बात लेखक वास्तव में कहना चाहता था।

सरकार में प्रशासक होने के नाते आप में प्रस्तुतीकरण कौशल होना

चाहिए। और इसके लिए आपको क्यों (उद्देश्य), क्या (सन्देश) और कौन (श्रोता–पाठक वर्ग) के बारे में स्पष्ट होना चाहिए। एक प्रभावकारी प्रस्तुतिकर्ता में प्रस्तुतीकरण के उद्देश्य, सन्देश और जिन लोगों के समक्ष इसे लाना है। इस बाबत स्पष्ट समझ होनी चाहिए।

प्रभावकारी सम्प्रेषकों की सात आदतें होती हैं। ये हैं विनम्र (कर्टियस), सुसंगत (कनसिसटेंट), स्पष्ट (क्लियर), संक्षिप्त (कन्साइज़), वास्तविक (कॉन्क्रीट), और व्यापक (कॉम्प्रेहेंसिव)।

अध्याय 22

सतरंगी प्रबन्धन शैलियाँ

सफल नेतृत्व या प्रबन्धन सब समय एक जैसा नहीं होता। कार्यस्थल पर उपलब्ध संसाधनों, कार्यकर्ताओं की टीम की स्थिति और संस्था की परिस्थितियाँ बदलती रहती हैं। प्रबन्धक को इन सब पर नज़र रखते हुए संस्था को इस तरह का नेतृत्व या प्रबन्धन देना चाहिए जिससे संस्था अपने उद्देश्य को प्रभावी तरीक़े से प्राप्त कर सके। प्रबन्धन का यह प्रभावी तरीक़ा एक ही डंडे से हाँकने जैसी सहज क्रिया नहीं बल्कि कई शैलियों का तरकश है। सफल प्रबन्धक वही है जो संस्था की बदलती हुई परिस्थितियों और चुनौतियों के बीच सबके प्रयासों को उचित दिशा देता है और संस्था को अपने लक्ष्यों की ओर लगातार ले जाता है। आइये हम प्रबन्धन की कुछ प्रमुख शैलियों की चर्चा करें। अपने ख़ुद के अनुभव में आपने इनमें से कुछ का इस्तेमाल किया होगा या अपने आस–पास अन्य प्रबन्धकों को इन्हें इस्तेमाल करते देखा होगा।

1. नियन्त्राक प्रबन्धक (कॉरसिव मैनेज़र)

कई बार प्रबन्धक को विषम परिस्थितियों में संस्था का नेतृत्व करना होता है। किसी एक ऐसी व्यापारिक संस्था की कल्पना करें जहाँ कुछ वर्षों से लाभ लगातार घटता जा रहा है। इसके शेयर की बाज़ार क़ीमत भी घटती जा रही है, कर्मचारी हताश तो हैं ही, अपने कार्य दायित्वों के प्रति सजग भी नहीं हैं। इस माहौल में एक जाने माने प्रबन्धक को सीईओ बनाया जाता है। उसका आना क्या हुआ जैसे–जैसे कहर बरपा हो गया है। वह किसी भी ऊँचे–से–ऊँचे अधिकारी को छोटी–सी–छोटी ग़लती पर लताड़ लगाने लगा। अधिकारियों की आपसी गुटबाज़ी का फ़ायदा लेकर उनमें

फूट डालने लगा। फलस्वरूप सभी वर्ग के कर्मचारी अपने काम के प्रति सजग रहने लगे। उत्पादन बढ़ा, बिक्री और लाभ भी बढ़े और देखते ही देखते वह संस्था पहले से भी अच्छी स्थिति में आ गयी।

परन्तु अब लोग प्रबन्धन की इस शैली को समझकर बचाव का रास्ता बना चुके थे। आदेश का पालन करते थे पर अपनी ओर से कार्य से जुड़ी किसी कमी को उसके साथ साझा नहीं करते थे। धीरे–धीरे अच्छे दिन हवा हो गये और संस्था के बुरे दिन आ गये।

इस प्रबन्धन शैली के चलते पटरी से उतरी हुई संस्था एक बार फिर पटरी पर तो आ गयी थी। ऊपर के सख़्त आदेश के दम पर संस्था के लिए कुछ प्राप्त करने की पहल और नियन्त्रण की लहर तो लोगों को दिखी पर यह टिकाऊ नहीं बन सकी।

2. आधिकारिक प्रबन्धक (एन्थॉरिटेटिव मैनेजर)

अब कल्पना करें कि पहले जैसी ही कठिन परिस्थितियों में एक नये नायक का प्रवेश होता है। वह अपने आगमन के साथ ही सबको एक नया सन्देश देता है कि हमें अपने कार्य को अच्छी तरह से करना है, रुटीन समझ कर नहीं। हमारा हर काम ग्राहकों के बेहतर सन्तोष के लिए होगा, क्योंकि हम चीज़ें नहीं, ग्राहकों की 'सन्तुष्टि' बनायेंगे। सब में एक निश्चित लक्ष्य का समावेश होने लगा जिसके अच्छे परिणाम दिखने लगे। कर्मचारी यूनियन ही नहीं मीडिया भी प्रबन्धक की इस शैली की सराहना करने लगे। इस प्रबन्धक की दृष्टि स्पष्ट थी वह कार्यस्थल पर सबका मार्गदर्शक बन गया था।

परन्तु इस आधिकारिक शैली का असर भी धीरे–धीरे कम होने लगा। कारण यह था कि कार्यकर्ताओं में इस प्रबन्धक जैसे या उससे भी अधिक अनुभवी और तकनीकी जानकार पहले से थे और यह शैली उन्हें बोझिल और अनावश्यक तरीक़े से रोबदार लगने लगी और अपना असर खोने लगी। पर जितने दिन इसका असर कायम रहा यह देखा गया कि प्रबन्धक में आत्मविश्वास, समानुभूति और संस्था में बदलाव लाने का जज़्बा था। पर सब कुछ होते हुए भी यह शैली टिक नहीं सकी।

3. सम्बन्धक प्रबन्धक (एफिलियेटिव मैनेजर)

अब कल्पना करें कि पहली और दूसरी शैली को व्यवहार में लाया जा चुका

है और संस्था की स्थिति लड़खड़ा रही है एक अन्य तरह का प्रबन्धक प्रवेश करता है। यह सम्बन्धक प्रबन्धक है। जहाँ नियन्त्रक प्रबन्धक हुक्म देता है कि "मैं जैसा कहूँ वैसा ही करो" और आधिकारिक प्रबन्धक कहता है कि "मेरे साथ चलो", वहीं सम्बन्धक प्रबन्धक यह मानता है कि "लोगों का स्थान सबसे ऊपर है"। वह सबके साथ भावनात्मक रिश्ते बना लेता है और संस्था के वास्ते उचित सहयोग पाने में कामयाब हो जाता है। दूसरों में रमने के लिए वह अपनी भावनाओं को भी सहज तरीक़े से सबके साथ साझा करता है यही कारण है कि लोग उससे जुड़ते चले जाते हैं।

संस्था में जब टीम भावना को बढ़ाने के ज़रिये आगे जाने की ज़रूरत साफ़ दिखायी देती हो तो सम्बन्धक प्रबन्धक बहुत कारगर होता है।

परन्तु टीम में एकजुटता और समरसता ला सकने की खुली छूट के बावजूद भी यह शैली रामबाण जैसी सिद्ध नहीं होती। क्योंकि इस शैली के अनुकूल भावनात्मक जुड़ाव बढ़ाने के फेर में जब स्तरहीन कार्य को भी नज़रअन्दाज़ ही नहीं बल्कि अच्छा कहा जाये तो यह शैली संस्था के मूल उद्देश्य से भटक जाती है। संस्था में कर्मचारियों को लक्ष्यों की स्पष्टता और सुचारु तरीक़े से कार्य करने के बाबत मार्गदर्शन की आवश्यकता भी होती है।

4. प्रजातान्त्रिक प्रबन्धक (डेमोक्रेटिक मैनेजर)

संस्था में कई व्यक्ति कार्य करते हैं। संस्था की तरक़्क़ी के बारे में सबकी अलग–अलग राय हो सकती है। प्रजातान्त्रिक प्रबन्धक अपने साथी कर्मचारियों के विचारों की क़द्र करता है। इस तरह वह लोगों का विश्वास जीत लेता है। समय–समय पर मुलाक़ातें और बैठकें करता है। सहभागिता बढ़ती है, विचार जाने जाते हैं। संस्था के प्रबन्धन में अपनी राय को शामिल किये जाने से ख़ुश होकर कर्मचारी संस्था में अपनत्व महसूस करते हैं। इस तरह यह प्रबन्धक यथार्थ के धरातल पर खड़ा, कई विचारों से रूबरू रहता है। उसे पता है किस तरह के परिणाम किस हद तक पाये जा सकते हैं।

इस शैली में सहयोग, टीम भावना, नेतृत्व और अभिव्यक्ति की ताक़तों को बढ़ावा दिया जाता है। फलस्वरूप लक्ष्य भी प्राप्त हो जाते हैं, परन्तु यह शैली व्यावहारिक स्तर पर बहुत कठिन है। कर्मचारियों के विचारों को जानने के फेर में प्रबन्धक को अनगिनत बैठकें करनी पड़ती हैं। कई बार

कई कर्मचारियों को कार्य के तौर तरीक़ों की सही जानकारी नहीं होती या प्रबन्धक से साझा करने लायक कोई विचार ही नहीं होते, तो यह शैली फलदायक नहीं होती।

5. गति निर्धारक प्रबन्धक (पेस सैटर मैनेजर)

यह प्रबन्धक अपने सामने बहुत ऊँचे लक्ष्य रखता है और उन्हें पाने के कठिन प्रयास करता है। अपने ख़ुद के जीवन के उदाहरण से वह साथी कर्मचारियों पर अच्छा असर पैदा करता है। जो कर्मचारी उसका साथ देते नहीं दिखते या मेहनत में कमी के कारण डगमगाते हैं, उन्हें वह हरा देता है। वह चाहता है कि उसके बढ़ाये गये क़दमों के साथ सभी क़दम से क़दम मिलाते हुए संस्था को आगे ले चलें। अलग–अलग नहीं चलना है, निर्धारित गति बनाये रखना है।

यदि संस्था में पहले से ही टीम–भावना या स्वतः प्रेरित तरीक़े से कार्य हो रहा हो तो यह शैली कामयाब रहती है। आर एंड डी तकनीकी व्यावसायिक टीम के प्रबन्धन में यह शैली उपयुक्त है। इस शैली में कर्तव्यनिष्ठा, कुछ पाने की गहरी तमन्ना और पहल करने की भावना को बढ़ावा मिलता है तो भी साधारणतया तरह–तरह की कठिनाइयों से घिरी संस्था में यह कारगर नहीं हो पाती।

6. कोच प्रबन्धक (कॉरसिव मैनेजर)

कर्मचारीगण शिष्य हैं और प्रबन्धक इसमें गुरु हैं वह साथी कर्मचारियों की ख़ूबियों और कमज़ोरियों को पहचानता है। यह प्रबन्धक कर्मचारी के व्यक्तिगत विकास को संस्था के लक्ष्यों को पाने में एक आवश्यक कड़ी मानता है। अपनी ओर से उन्हें सही तरीक़े से सिखाने के लिए वह फीडबैक लेता है।

कमचारियों की समताओं और कौशल विकास के रास्ते यह शैली संस्था को विकास की ओर ले जाती है। हर साल में यह कारगर हो ऐसा नहीं है क्योंकि इसकी अपनी कठिनाइयाँ हैं। हर एक से हर समय संवाद बनाये रखना ज़रूरी हो जाता है। परन्तु जब कर्मचारियों में सीखने की ललक न हो या कोच में ही सिखाने के कौशल की कमी हो तो यह शैली फीकी पड़ जाती है।

7. सर्जक प्रबन्धक (क्रिएटिव मैनेजर)

सर्जक प्रबन्धक का यह स्पष्ट मानना है कि जब–जब संस्थाएँ आगे से आगे बढ़ने में लगी हों और सबके पास प्रचुर संसाधन हैं तो केवल वही संस्था उत्कृष्ट होगी जहाँ का माहौल औरों से अधिक सृजनात्मक है।

सर्जक प्रबन्धक के सामने सबसे बड़ी चुनौती यह है कि वह अपने अलावा दूसरों को भी सृजनात्मक बनाये रखे। ऐसा माहौल बनाये रखने के लिए विचारों की अभिव्यक्ति को बढ़ावा दिया जाता है, सुझाव माँगे जाते हैं, अच्छे सुझावों को पुरस्कृत किया जाता है। कुछ लोग औरों की बनिस्बत ज़्यादा अच्छे बन जाते हैं।

यह शैली 'हर हाल में सही' ऐसा नहीं है। सर्जक प्रबन्धक जब ख़ुद सृजनशील होता है तो सब कुछ उसके नियन्त्रण के दायरे में होता है, किन्तु जब वह दूसरों से सृजनात्मक कार्य कराने हेतु सुविधाएँ देने लगता है तो उसके नियन्त्रण के दायरे में केवल उसकी अच्छी अभिव्यक्ति ही उसके नियन्त्रण में होती है। बाक़ी सब कर्मचारियों के भरोसे या राम भरोसे हो जाते हैं।

संस्थाओं के कार्य या व्यापार या प्रशासन के क्षेत्र में प्रबन्धन का अर्थ है अन्दरूनी और बाहरी परिस्थितियों, अवसरों और संसाधनों को लक्ष्य के अनुरूप व्यवहार में लाना। ऊपर बताई गयी सात प्रबन्धन शैलियाँ एक तरह से तरकश में सँजोए हुए तीर की तरह हैं। जब जैसी ज़रूरत हुई वैसा तीर निकाला और चलाया। व्यावहारिक प्रबन्धक के नाते आप कह सकते हैं कि मैं इनमें से दो या तीन शैलियाँ अपनाता रहता हूँ, यह भी कह सकते हैं कि इनमें से कुछ शैलियाँ तो मेरे स्वभाव के ख़िलाफ़ हैं। परन्तु प्रबन्धन या नेतृत्व में अपने निजी स्वभाव से ऊपर उठकर ज़्यादा बड़े हित को साधने के लिए हमें उन सब शैलियों को भी व्यवहार में लाना चाहिए जो संस्था की समस्या को हल करने का तकाजा है। प्रबन्धक तो बस एक कारीगर है जिसे कार्य विशेष के अनुसार उपयुक्त औज़ार का प्रयोग करना चाहिए। प्रबन्धक की ये सात शैलियाँ मिलकर सतरंगी इन्द्रधनुष बन जाती हैं।

अध्याय 23

निर्णय लेने की प्रक्रिया

सीधे–सादे शब्दों में कहें तो निर्णय लेने में दो या इससे अधिक पर्यायों में से एक का चुनाव किया जाता है। सरकारी क्षेत्र में अच्छे प्रशासन की बुनियाद अच्छे निर्णय लेना ही है। क़ानून बनाने में लोकसभा की भूमिका, नीति निर्माण और क्रियान्वयन में कार्यपालिका की भूमिका या न्याय प्रदान करने में न्यायपालिका की भूमिका का आधार भी निर्णय प्रक्रिया ही है। प्रशासनिक व्यवस्था का मूलभाव प्रशासन है जहाँ पग–पग पर निर्णय लेना पड़ता है। पर महत्त्वपूर्ण बात यह है कि ये निर्णय सही हों, शासन तथा नागरिक दोनों के हित साधक हों।

निर्णय प्रक्रिया में तीन महत्त्वपूर्ण तल इस प्रकार हैं–

1. कई पर्यायों में से एक का चुना जाना (जिसमें किसी कार्य का न करना और निर्णय नहीं लेना भी शामिल हैं)।
2. परिस्थितियों का अनिश्चित होना।
3. जोख़िम का होना–किसी भी उद्देश्य को पाने में थोड़े बहुत जोख़िम का होना स्वाभाविक ही है।

निर्णय प्रक्रिया के सात चरण

1. लये जाने वाले वास्तविक निर्णय को परिभाषित करें।
2. उस सन्दर्भ को समझें जिसमें निर्णय का लिया जाना ज़रूरी है।
3. पर्यायों को पहचानें।
4. हर पर्याय के परिणामों का मूल्यांकन करें।
5. पर्यायों का प्राथमिकीकरण करने के बाद उनमें से एक को चुनें।

6. लिये गये निर्णय की समीक्षा करें, आवश्यक हो तो पूरी प्रक्रिया दुबारा करें।
7. लिये गये निर्णय के क्रियान्वयन हेतु कार्यवाही करें।

सातवें चरण का महत्त्व तो बेजोड़ है, यदि यह क़दम नहीं उठाया गया तो निर्णय प्रक्रिया निष्फल रह जाती है।

अन्तर्दृष्टि और तर्क : निर्णय प्रक्रिया के दो घटक

अन्तर्दृष्टि का अर्थ है पहले के अनुभव और निजी जीवन के मूल्यों का सम्पुट। इसमें झलकती है अपने जीवन से प्राप्त सीख। यह हमेशा यथार्थ पर कायम नहीं होती है। यह भावनाओं की दबंगई है, अचानक जेहन में कौंधती है। इसके विपरीत तर्क की जड़ें अभी और यहाँ (हियर एंड नाउ) में धँसी रहती हैं। इसमें भावना या आवेश के लिए कोई स्थान नहीं होता।

प्रभावकारी निर्णय प्रक्रिया के सात पहचान चिह्न

1. निर्णय किस तरह लिया जाना चाहिए–सबसे उचित मंच या तरीक़ा क्या है–समूह, संगठन या किस व्यक्ति द्वारा लिया जाना चाहिए।
2. क्या ऐसा निर्णय पहले भी लिया गया है–यदि हाँ तो इसके नतीजे क्या हैं, क्या सबक सीखा गया?
3. क्या अन्य निर्णयों पर इसका असर पड़ता है, यदि हाँ तो कैसे?
4. क्या निर्णय लेना ज़रूरी भी है–क्या यह निरर्थक है?
5. यह क्यों अत्यावश्यक है, इसे कब लिया जाना चाहिए?
6. नया नज़रिया पाने के लिए, सोचिए कोई और इसे किस तरह लेगा?
7. इस प्रक्रिया के किस भाग पर ज़्यादा ज़ोर दिया जाना चाहिए (डेटा संग्रहण, विश्लेषण, परामर्श, सम्प्रेषण इत्यादि)?

निर्णय लेने और उस पर कार्यवाही करने के दौरान निम्न पाँच अवस्थाएँ होती हैं, प्रत्येक का अपना विशिष्ट योगदान होता है। ये अवस्थाएँ हैं–

1. सन्दर्भ
2. निर्णय की आवश्यकता
3. जोख़िम विश्लेषण
4. निर्णय
5. कार्यवाही

प्रभावकारी निर्णय प्रक्रिया में रुकावटें क्या हैं?

प्रभावकारी निर्णय प्रक्रिया में छह रुकावटें होती हैं–

1. सूचनाओं में कमी
2. बहुत ज़्यादा सूचनाएँ
3. बहुत ज़्यादा निर्णय लेने वाले
4. निहित स्वार्थ
5. यथास्थिति के प्रति भावनात्मक जुड़ाव
6. निर्णय से जुड़े किसी पर्याय के प्रति कोई भावनात्मक जुड़ाव नहीं

इन सब मुसीबतों से उबरने के लिए हमें ज़रूरत है सात पहचान चिह्नों की, इनके साथ ही यह भी आवश्यक है कि विभाग या संगठन जिसके सन्दर्भ में निर्णय लिया जाना है उसके द्वारा निर्धारित नियमों का भी ध्यान रखा जाना चाहिए। इस तरह लिये गये निर्णय की सूचियाँ ये हैं–

1. जटिल निर्णयों को सरल बनाता है।
2. यह दर्शाता है कि निर्णय कैसे लिया जाता है।
3. समय–सीमा के भीतर कार्य समाप्त करने हेतु निर्णय लेने में सहायक है।

निर्णय प्रक्रिया अकेले एक मनुष्य (या महिला) का मामला नहीं है। यह समूची टीम और इसी तरह सब हितभागियों को इस कार्य में शामिल कर सकता है। हितभागियों की दशा के आकलन के लिए आरएसीआई को एक टूल या उपाय माना जाता है। इस टूल के प्रयोग से यह जाना जाता है कि किस प्रकार के हितभागी को किस हद तक निर्णय प्रक्रिया से जोड़ना चाहिए। इसमें हर प्रकार के हितभागी के योगदान के बारे में निर्णय से पूर्व आकलन किया जाता है। इसकी विभिन्न क्षमताओं के मद्देनज़र उनकी भूमिका के बारे में सोचें।

- रिसपॉन्सिबल या उत्तरदायी–जो कार्यवाही के लिए अन्तिम रूप से ज़िम्मेदार हो।
- एकाउंटेबल या जवाबदेह।
- कन्सल्टेड या परामर्शक–निर्णय से पूर्व किससे परामर्श लेना चाहिए।
- इन्फॉर्म्ड या सूचित–निर्णय के नतीजों से किसे सूचित किया जाना चाहिए।

प्रभावकारी निर्णय प्रक्रिया के मानक चिह्न क्या हैं?

जाने–माने तरीक़ों से निर्णय प्रक्रिया चलाने से हमारे लिये गये निर्णय प्रभावकारी बन सकते हैं। प्रभावकारिता के निम्न छह लक्षण हैं–

1. समावेशी (इनक्लुसिव) : सब प्रभावित पक्षों का साथ रखते हुए।
2. समर्थनीय (डिफेंसिबल) : महत्त्वपूर्ण सिद्धान्तों पर आधारित।
3. आशावादी (ऑप्टिमल) : परिणाम केन्द्रित और समस्या को हल करने वाली।
4. समझदारी (सेंसिबल) : सब पक्षों द्वारा समझी जा सकने वाली।
5. क्रियान्वयन योग्य (इम्प्लीमेंटेबल) : यह व्यावहारिक होने के कारण क्रियान्वयन के लिए उपयुक्त है।
6. मूल सम्वर्द्धक (वैल्यू–एडिंग) : यह निर्णयकर्ता व्यक्ति या संगठन की सार्थकता बढ़ाती है।

प्रभावकारी निर्णय प्रक्रिया के निर्णायक गुरु

- चिन्तन–मनन समाप्त होने के तुरन्त बात निर्णय लेना चाहिए क्योंकि हालात बदल सकते हैं या आपकी प्रखरता और वेग में कमी आ सकती है।
- लम्बी अवधि के भले को छोटी अवधि की सहूलियत की बलि न चढ़ाए।
- महत्त्वपूर्ण और अत्यावश्यक के बीच फ़र्क़ होता है। हालाँकि अत्यावश्यक निर्णय शीघ्रता से लिए जाते हैं, महत्त्वपूर्ण निर्णयों के विश्लेषण स्तर पर ठहराव ज़्यादा होता है, इसमें जल्दबाज़ी नहीं की जाती। एक अत्यावश्यक किन्तु महत्त्वपूर्ण निर्णय में अच्छे परिणाम के लिए सही स्तर के विश्लेषण की आवश्यकता होती है।
- लोग उसी निर्णय का समर्थन करते हैं जिसमें वे सहभागी रह चुके हैं।
- ऐसे महत्त्वपूर्ण निर्णय जो अत्यावश्यक हों, टाले नहीं जाने चाहिए, इनके लिए अपनी सुविधा से समय सीमा तय करें। देखें कि इन्हें कोई आप पर न थोपे।
- यदि कोई निर्णय अब उपयुक्त नहीं रहा तो इसे सन्तुलित तरीक़े से बदलें, एक ही झटके में नहीं।
- निर्णय लेने में ज़रूरत महसूस हो तो सहायता अवश्य लें।

अध्याय 24

अक्सर पूछे जाने वाले प्रश्न

सामान्य प्रश्न

स्टार्टअप इंडिया हब क्या है?

स्टार्टअप इंडिया हब, स्टार्टअप ईकोसिस्टम के सभी हिस्सेदारों के लिए वन स्टॉप प्लेटफ़ॉर्म है, जो एक-दूसरे से बातचीत करने, ज्ञान का आदान-प्रदान करने और अत्यधिक गतिशील वातावरण में सफल पार्टनरशिप का मौक़ा देता है।

निवेशक स्टार्टअप में कैसे योगदान दे सकते हैं?

निवेशक, ख़ास तौर पर वेंचर कैपिटलिस्ट (वीसी) स्टार्टअप में कई तरीक़ों से वैल्यू एडिशन करता है :

1. स्टेकहोल्डर का प्रबन्धन : स्टार्टअप को बेहतर तरीक़े से चलाने के लिए निवेशक, स्टार्टअप को नेतृत्व देता है और कम्पनी बोर्ड का प्रबन्धन करता है। इसके अलावा, उसके कार्यात्मक अनुभव, स्टार्टअप में निवेश और काम करने की जानकारी कम्पनी को एक दृष्टि और दिशा प्रदान करती है।

2. फंड जुटाना : निवेशक, स्टेज, मेच्योरिटी और सेक्टर फोकस आदि के आधार पर अलग-अलग दौर में फंडिंग जुटाने के लिए स्टार्टअप के लिए बेहतर मार्गदर्शक होते हैं। निवेशक, फाउंडर्स के बीच में नेटवर्किंग

बढ़ाने और सम्बन्ध जोड़ने में मदद करते हैं, ताकि वह अन्य निवेशकों को अपने बिज़नेस के बारे में बता सकें।

3. प्रतिभा का चयन : स्टार्टअप के लिए उच्च गुणवत्ता वाले और सबसे उपयुक्त व्यक्ति की तलाश करना मुश्किल काम है। ख़ासकर तब, जब वरिष्ठ अधिकारियों को व्यावसायिक लक्ष्यों के प्रबन्धन और संचालन के लिए भर्ती करने की बात आती है। इसके लिए वेंचर कैपिटलिस्ट अपने व्यापक नेटवर्क के ज़रिये सही समय पर सही लोगों को भर्ती करके उस कमी को पूरा करने में मदद कर सकते हैं।

4. मार्केटिंग : VCs आपके प्रोडक्ट/सर्विस के लिए मार्केटिंग स्ट्रैटेजी में सहयोग करते हैं।

5. एम एंड ए गतिविधि : इस ईकोसिस्टम के दूसरे अन्य उद्यमियों के साथ मर्जर और उनके अधिग्रहण के अवसरों को देखते हुए, वेंचर कैपिटलिस्ट हमेशा अपनी आँख और कान खुले रखते हैं। ताकि इनऑर्गेनिक ग्रोथ के ज़रिये व्यवसाय में ज़्यादा–से–ज़्यादा वैल्यू एडिशन किया जा सके।

6. संस्थागत पुनर्सरचना : एक युवा स्टार्टअप जब एक स्थापित कम्पनी के रूप में परिपक्व हो जाता है, तो वेंचर कैपिटलिस्ट ऑर्गनाइजेशन के सही स्ट्रक्चर में मदद करते हैं और उस प्रक्रिया के बारे में बताते हैं जिससे कम लागत में, कम्पनी की पूँजी और कुशलता दोनों में वृद्धि हो सके।

निवेशक स्टार्टअप में निवेश क्यों करते हैं?

स्टार्टअप में निवेश जोख़िम भरा काम है, लेकिन ओवरहेड कैपिटल की कम ज़रूरत और स्टार्टअप के आगे बढ़ने की सम्भावनाओं को देखते हुए निवेशकों को स्टार्टअप पर दाँव लगाना फ़ायदे का सौदा दिखता है।

थॉमसन रॉयटर्स वेंचर कैपिटल रिसर्च इंडेक्स के मुताबिक़ 1996 के बाद से 2012 तक वेंचर कैपिटल इंडस्ट्री को क़रीब 20 प्रतिशत सालाना का रिटर्न मिला है, जबकि इसके मुक़ाबले पब्लिक इक्विटी और बॉन्ड में 7.5 प्रतिशत और 5.9 प्रतिशत का मामूली रिटर्न मिला।

मैं हब पर अपनी प्रोफाइल कैसे रजिस्टर कर सकता हूँ?

हब पर प्रोफाइल रजिस्टर करना आसान प्रक्रिया है।

- पेज के ऊपर दाहिने हाथ पर 'रजिस्टर' टैब पर क्लिक करने से आप सत्यापन के लिए 'MyGov' (मेरी सरकार) के नये पेज पर पहुँच जायेंगे। यहाँ आपसे कुछ जानकारियाँ जैसे नाम, ई–मेल एड्रेस आदि पूछा जायेगा। आपको वेरिफिकेशन के लिए वन टाइम पासवर्ड मिलेगा और साथ ही नया पासवर्ड बनाने के लिए एक लिंक भी दिया जायेगा।
- चरण 1– लॉगइन की जानकारी भरकर साइन इन करें इससे आप हब में पहुँच जायेंगे जहाँ आप ऐसे किसी हिस्सेदार की प्रोफाइल चुन सकते हैं या बना सकते हैं, जो आपकी भूमिका को पूरी तरह निभा सकता हो।

प्रोफाइल बनाने के बाद हम सहयोगियों से कैसे जुड़ सकते हैं?

आपकी इंडस्ट्री और उसके ज़रूरी चरण के हिसाब से आप सम्बन्धित हिस्सेदार से जुड़ सकें इसी के लिए यह सिस्टम बनाया गया है। प्रत्येक एनेबलर की प्रोफाइल के साथ 'कनेक्ट/अप्लाई' करने का विकल्प होगा, इस पर क्लिक करने के बाद स्वीकृति के लिए सम्बन्धित प्रोफाइल को अनुरोध भेजा जायेगा। इसे स्वीकार किये जाने के बाद आप एनेबलर को नये कनेक्शन के रूप में देख पायेंगे।

कृपया याद रखें, आप एक सप्ताह में अधिकतम तीन यूजर से ही कनेक्ट हो सकते हैं।

स्टार्टअप इंडिया हब में कोई विदेशी कम्पनी रजिस्टर कर सकती है?

ऐसी कोई भी कम्पनी, जिसका कम–से–कम एक कार्यालय भारत में रजिस्टर हो, उसका लोकेशन के रूप में हब पर रजिस्ट्रेशन के लिए स्वागत है। प्राथमिकताएँ, इस समय केवल भारतीय राज्यों के लिए बनायी गयी हैं। हालाँकि, हम अन्तरराष्ट्रीय सम्बन्धों पर काम कर रहे हैं और जल्द ही हम हिस्सेदारों के लिए ग्लोबल ईकोसिस्टम से जुड़े रजिस्ट्रेशन शुरू कर पायेंगे।

मैं ईवेंट, टूल और टैंपलेट, रिपोर्ट, ब्लॉग आदि साझा करना चाहता हूँ। मैं हब पर इसे कैसे पब्लिश कर सकता हूँ?

कंटेंट पब्लिश करने के लिए आप हमें इस आईडी पर लिख सकते हैं startupindiahub@investindia.org.in

स्टार्टअप सम्बन्धी प्रश्न

मेरे पास एक इनोवेटिव आइडिया है और मैं स्टार्टअप के रूप में आगे बढ़ना चाहता हूँ। स्टार्टअप इंडिया मुझे क्या दिशानिर्देश दे सकती है?

स्टार्टअप इंडिया लर्निंग प्रोग्राम इज़ ए फ्री ऑनलाइन एंट्रप्रैन्युअरशिप प्रोग्राम बांय स्टार्टअप इंडिया। इस प्रोग्राम का लक्ष्य है, उद्यमियों को अपने विचारों व उद्यमों को, संरचित शिक्षण के साथ, अगले स्टार पर लेकर जाने में मदद करना। यह 4–हफ्ते चलने वाला प्रोग्राम, भारत के 40+ श्रेष्ठ संस्थापकों द्वारा, एक नया स्टार्टअप शुरू करने के मुख्य क्षेत्रों के बारे में ज्ञान प्रदान करता है।

इंटरेस्टेड इंडिविजुअल्स कैन एन्रॉल फॉर दिस फ्री कोर्स एट

https://www.startupindia.gov.in/content/sih/en/learning-and-development_v2.html.

फॉर मोर कोर्सेज, प्लीज़ विजिट

https://www.startupindia.gov.in/content/sih/en/reources/l-d-listing.html.

फर्दर, इनक्यूबेटर्स एक्रॉस इंडिया आर प्रोवाइडिंग गाइडेंस टु बडिंग स्टार्टअप्स। आपके सन्दर्भ के लिए स्टार्टअप इंडिया पोर्टल पर इनक्यूबेटर्स की सूची उपलब्ध है।

मेरे संस्थान के पास पैन (पीएएन) नम्बर नहीं है क्या मुझे स्टार्टअप इंडिया पोर्टल पर इसे एक 'स्टार्टअप' के रूप में रजिस्टर करने की अनुमति होगी?

हाँ, बिना पैन (पीएएन) कार्ड वाली संस्था को हमारी वेबसाइट पर स्टार्टअप के रूप में रजिस्टर किया जा सकता है। हालाँकि, आपको

ये सलाह दी जाती है कि रजिस्ट्रेशन के समय संस्था का मान्य पैन नम्बर प्रदान करें।

क्या एक व्यक्ति की कम्पनी (ओपीसी) स्टार्टअप इंडिया के तहत योजनाओं का लाभ ले सकती है?

हाँ, एक व्यक्ति वाली कम्पनियाँ स्टार्टअप इंडिया पहल के तहत लाभ ले सकती हैं।

क्या कोई विदेशी व्यक्ति (एलएलपी) अधिनियम के तहत पार्टनरशिप और उसको स्टार्टअप इंडिया में रजिस्टर कर सकता है?

हाँ, एक विदेशी नागरिक एलएलपी अधिनियम के तहत पार्टनरशिप कर सकता है और उस एलएलपी को हमारी वेबसाइट पर रजिस्टर करवा सकता है। इसे डीआईपीपी से मान्यता भी मिल सकती है।

क्या मैं रजिस्ट्रेशन फॉर्म में दो मोबाइल नम्बर भर सकता/सकती हूँ?

रजिस्ट्रेशन के समय संस्था के अधिकृत प्रतिनिधि का केवल एक मोबाइल नम्बर और एक लैंडलाइन नम्बर प्रदान किया जा सकता है। पोर्टल और मोबाइल ऐप प्रमाणीकरण और रजिस्ट्रेशन प्रक्रिया को पूरा करने के लिए यूजर द्वारा दिये गये मोबाइल नम्बर पर एक ओटीपी भेजा जायेगा।

स्टार्टअप इंडिया पहल के तहत मान्यता प्राप्त करने के लिए स्टार्टअप्स को कौन–से डॉक्यूमेंट्स की आवश्यकता होती है?

स्टार्टअप के रूप में मान्यता की प्रक्रिया मोबाइल ऐप/पोर्टल https://www.startupindia.gov.in/content/sih/en/startupgov/startup-recognition-page.html पर ऑनलाइन एप्लीकेशन के माध्यम से पूरी होती है।

आपको इन्कॉर्पोरेशन/रजिस्ट्रेशन सर्टिफिकेट अपलोड करना होगा और यह बताना होगा कि आपका स्टार्टअप प्रोडक्ट्स या प्रोसेस या सेवाओं के इनोवेशन, विकास या सुधार की दिशा में कैसे काम कर रहा है या रोज़गार सृजन या धन कमाने के मामले में इसकी स्केलेबिलिटी क्या है।

अगर कोई संस्था पहले से मौजूद है तो इसके लिए 'स्टार्टअप' के रूप में मान्यता सर्टिफिकेट प्राप्त करने की समय–सीमा क्या है?

मान्यता सर्टिफिकेट आमतौर पर एप्लीकेशन सबमिशन के 2 कार्अगरवसों के भीतर जारी कर दिया जाता है।

अगर मेरा स्टार्टअप मान्यता प्राप्त कर लेता है, तो क्या मुझे इसके लिए सर्टिफिकेट मिलेगा? यदि हाँ, तो क्या मैं प्रमाण पत्र डाउनलोड कर सकता हूँ?

हाँ, अगर आपका स्टार्टअप मान्यता प्राप्त कर लेता है, तो आप सिस्टम द्वारा उत्पन्न सत्यापन योग्य मान्यता सर्टिफिकेट डाउनलोड कर सकेंगे।

इंटर–मिनिस्ट्रियल बोर्ड की रूपरेखा क्या है?

औद्योगिक नीति और संवर्धन विभाग द्वारा अन्तर–मन्त्रालयी बोर्ड को सेट कर टैक्स सम्बन्धी लाभ प्रदान करने के लिए स्टार्टअप को मान्यता प्रदान करता है। बोर्ड में निम्नलिखित सदस्य शामिल हैं–

- जॉइंट सेक्रेटरी, डिपार्टमेंट फॉर प्रोमोशन ऑफ़ इंडस्ट्री एंड इंटरनल ट्रेड, कन्वेनर
- रिप्रेजेंटेटिव ऑफ़ डिपार्टमेंट ऑफ़ बायोटेक्नोलॉजी, मेम्बर
- रिप्रेजेंटेटिव ऑफ़ डिपार्टमेंट ऑफ़ साइंस एंड टेक्नॉलॉजी, मेम्बर

इंटर–मिनिस्ट्रियल बोर्ड टैक्स छूट के उद्देश्य से प्राप्त एप्लीकेशंस की समीक्षा कैसे करेगा?

बोर्ड यह सुनिश्चित करने के लिए जमा किये गये डॉक्यूमेंट की समीक्षा करेगा कि क्या संस्था कर का लाभ उठाने के लिए योग्य व्यवसाय के रूप में पात्र है या नहीं।

टैक्स छूट के लिए अप्लाई करने के बाद इंटर–मिनिस्ट्रियल बोर्ड का सर्टिफिकेशन प्राप्त करने की समय–सीमा क्या है?

इंटर–मिनिस्ट्रियल बोर्ड की मीटिंग महीने में एक बार होती है। मीटिंग में मामलों को एक क्रम में प्रोसेस किया जाता है। इसके बाद अन्तिम निर्णय के बारे में कोई भी सूचना स्टार्टअप के रजिस्टर्ड ई–मेल एड्रेस पर भेजी जाती है।

टु रेगुलरली फोलो अपडेट्स ऑफ़ द आईएमबी मीटिंग्स, यू मे रैफर टु द आईएमबी नोटिफिकेशंस ऑन वेबसाइट बाय क्लिकिंग क्लिक करें।

अगर किसी स्टार्टअप ने डीआईपीपी से मान्यता के लिए अप्लाई किया है और उसकी एप्लीकेशन डॉक्यूमेंट्स ना मिलने या अपर्याप्त जानकारी के कारण रिजेक्ट हो जाती है या अपूर्ण चिह्नित कर दी जाती है, तो क्या स्टार्टअप को मौज़ूदा एप्लीकेशन को एडिट करना चाहिए या नयी एप्लीकेशन सबमिट करनी चाहिए?

अगर मान्यता एप्लीकेशन को अपूर्ण चिह्नित कर दिया जाता है, तो स्टार्टअप को निम्न चरणों का पालन करना होता है :

1. www.startupindia.gov.in पर उनके स्टार्टअप विवरण के साथ लॉग–इन करें
2. Select 'Recognition and Tax Exemption' button on the right panel
3. Select the 'Edit Application' button and proceed with completing your application

अगर एप्लीकेशन को तीन बार 'अपूर्ण' चिह्नित कर दिया जाता है, तो एप्लीकेशन रिजेक्ट हो जाती है।

रिजेक्ट कर दी गयी एप्लीकेशन्स को एडिट नहीं किया जा सकता है, और रिजेक्शन ई–मेल मिलने की तारीख़ से तीन महीने बाद एक नयी एप्लीकेशन दाख़िल की जा सकती है।

मेंटर के लिए

How do I register as a Mentor/Investor on the Hub?

स्टार्टअप इंडिया वेबसाइट पर प्रोफाइल रजिस्टर करने की प्रक्रिया बहुत आसान है :

- Simply click on 'Register' and fill in the details as required in the registration form. आपके रजिस्टर ई–मेल एड्रेस पर एक ओटीपी भेजा जायेगा, जिसे सबमिट करने के बाद आपकी प्रोफाइल बन जायेगी।
- You will have an option to select your profile type. अपने व्यक्तित्व के प्रकार में ''इनेबलर'' चुनें, जिसके बाद आपसे आपका इनेबलर प्रकार पूछा जायेगा। Select mentor/investor in the drop down box depending on your objective। यह प्रोफाइल 24–48 घण्टों के लिए विचाराधीन है, और जब क्वालिटी अश्योरेंस टीम प्रारम्भिक जाँच कर लेगी, तब आपकी प्रोफाइल लाइव हो जायेगी।

What is my role as a Mentor on the Hub?

As a Mentor, you have access to all registered startups across all stages on the Hub. The startups may connect with you through a connection request, post which you can provide your expert advice to the startup on its next steps. To know more, kindly go to the Mentor's Section

How do Startups connect with a mentor/investor?

A startup is allowed to send 3 connection requests each week. This is done by simply clicking on the "connect" button on the mentor's profile. Once you accept a connection request, the startup can reach out to you through a simple chat interface. You can know more about the Startup which has connected with you by clicking on their profile and reading up about them.

आप मुझे स्पैम से कैसे बचाते हैं?

While we encourage more engagement on the platform, we can understand that access to high quality mentors investor like yourself can be overwhelming for some Startups, which may lead to them spamming. To ensure Startups are conservative and careful with the mentor/investor requests, we restrict each Startup to 3 connection requests each week.

क्या मुझे अतिरिक्त रिसोर्स का एक्सेस मिल सकता है, जो स्टार्टअप के लिए मेरी मेंटरशिप को सपोर्ट कर सकते हैं?

आपकी मेंटरिंग यात्रा में सहायता करने के लिए, हमने प्लग एंड प्ले टेम्प्लेट से लेकर मार्केट रिसर्च रिपोर्ट तक के संसाधनों का एक विशाल भण्डार एकत्र किया है, जो मेंटर और स्टार्टअप दोनों को उनके डिस्पोजल के बेहतर अवसर देने में मदद कर सकता है। पोर्टल पर दिये गये शीर्ष रिबन के माध्यम से हमारे संसाधनों के भण्डार को नेविगेट करें।

क्या पोर्टल पर एक एक्टिव मेंटर/इन्वेस्टर होने पर मुझे किसी प्रकार की मान्यता मिलेगी?

To showcase our gratitude towards our mentor's contribution to India's startup eco system, depending on the quarterly feedback from our Startups, we share commendation letters. Feel free to flaunt these across your social platforms and don't forget to tag us!

सुविधा प्रदाता से सम्बन्धित प्रश्न

किसी पेटेंट मददकर्ता द्वारा स्टार्टअप को मुहैया करायी गयी सेवा के लिए रिंबर्समेंट क्लेम करने की प्रक्रिया क्या है?

पेटेंट कार्यालय द्वारा पेटेंट आवेदन स्वीकार किये जाने के बाद, मददकर्ता

एसआईपीपी स्कीम में दी गयी शुल्क अनुसूची के अनुसार फ़ीस के लिए दावा करेगा। सम्बन्धित पेटेंट कार्यालय के कार्यालय प्रमुख के नाम एक पत्र, आवेदन का प्रारूप तैयार करने के लिए दावा किये गये शुल्क का विवरण और एक रजिस्टर पेटेंट एजेंट के रूप में उसका आईडी प्रूफ, इनवॉइस के साथ जमा करना होगा।

किसी ट्रेडमार्क मददकर्ता द्वारा स्टार्टअप को मुहैया करायी गयी सेवा के लिए रिंबर्समेंट क्लेम करने की प्रक्रिया क्या है?

मददकर्ता, ट्रेडमार्क रजिस्ट्री के कार्यालय प्रमुख को शुल्क के भुगतान के लिए दावा प्रस्तुत करेगा। सम्बन्धित ट्रेड मार्क कार्यालय के कार्यालय प्रमुख के नाम एक पत्र, आवेदन का प्रारूप तैयार करने के लिए दावा किये गये शुल्क का विवरण और एक रजिस्टर ट्रेड मार्क एजेंट के रूप में उसका आईडी प्रूफ, इनवॉइस के साथ जमा करना होगा।

Other FAQs

निवेशकों द्वारा किसी स्टार्टअप में निवेश करने के लिए किन कारणों पर विचार किया जायेगा?

विभिन्न निवेशक किसी निवेश के मूल्यांकन के लिए अलग–अलग मानदण्ड का उपयोग करते हैं। निवेश के स्तर, स्टार्टअप का क्षेत्र, प्रबन्धन टीम आदि के आधार पर हर फैक्टर के महत्त्व पर ध्यान दिया जायेगा। नीचे देखिए निवेशकों द्वारा उपयोग किये जाने वाले निवेश के ख़ास मानदण्ड :

1. **मार्केट लैंडस्केप** : जिस क्षेत्र में स्टार्टअप काम कर रहा है, उसके बाज़ार से सम्बन्धित जानकारी।

फैक्टर्स : मार्केट साइज़ कितना है, कितना मार्केट साइज़ प्राप्त किया जा सकता है, एडोप्शन रेट, ऐतिहासिक और अनुमानित ग्रोथ रेट, माइक्रो इकोनॉमिक ड्राइवर्स और माँग एवं आपूर्ति।

2. **स्केलेबिलिटी एवं निर्वहनीयता** : स्टार्टअप को निकट भविष्य के लिए अपनी सम्भावना दिखानी चाहिए और निर्वहनीय और मज़बूत बिज़नेस प्लान बताना चाहिए।

फैक्टर्स : शुरू करने में होने वाली मुश्किलें, लागत, ग्रोथ रेट और एक्सपेंशन प्लान।

3. उद्देश्य और समस्या सुलझाना : स्टार्टअप की पेशकश कुछ अलग होनी चाहिए, जिसमें ग्राहकों की समस्याएँ सुलझाने और उनकी ज़रूरतों को पूरा करने का यूनीक प्लान हो। जिन आइडिया या प्रोडक्ट का पेटेंट हुआ हो, उन स्टार्टअप में ज़्यादा सम्भावना होती है।

4. ग्राहक एवं सप्लायर : ग्राहकों और सप्लायर्स का खाका खींचना, निवेशकों को आपका बिज़नेस बेहतर तरीक़े से समझने में मदद करता है।

फैक्टर्स : ग्राहकों से सम्बन्ध, उत्पादों की पकड़, वेंडर की शर्तें और मौज़ूदा विक्रेता।

5. प्रतिस्पर्धी विश्लेषण : अगर उसी चीज़ पर बाज़ार में कोई अन्य प्रतिस्पर्धी भी काम कर रहा है, तो उन दोनों का अन्तर हाईलाइट होना चाहिए। हालाँकि, एक–एक बात की तुलना नहीं की जायेगी लेकिन जो सर्विस और प्रोडक्ट इंडस्ट्री का दूसरा प्लेयर दे रहा है, उसे हाईलाइट करना महत्त्वपूर्ण होगा।

फैक्टर्स : बाज़ार में कुल कितने प्लेयर्स हैं, मार्केट शेयर, निकट भविष्य में कितना मार्केट शेयर प्राप्त होगा, दूसरे प्रोडक्ट से साथ समानता और वो अन्तर जो दूसरे प्रतिस्पर्धी से अलग है।

6. सेल्स एवं मार्केटिंग : बेशक आपका प्रोडक्ट या सर्विस कितनी भी अच्छी हो, लेकिन अन्ततः इसका उपयोग न हो, तो यह किसी काम की नहीं।

फैक्टर्स : बिक्री का पूर्वानुमान, टार्गेट ऑडियंस, लक्ष्य पाने के लिए मार्केटिंग प्लान, कन्वर्जन एंड रिटेंशन रेशियो आदि।

7. वित्तीय मूल्यांकन : एक विस्तृत बिज़नेस मॉडल, जो पिछले कुछ वर्षों के कैश–फ्लो, निवेश की ज़रूरत, मील के पत्थर, फ़ायदे–नुक़सान की स्थिति और ग्रोथ को दर्शाता है वह अच्छा कर सकता है। इस स्तर पर इस्तेमाल होने वाले अनुमान का उचित और स्पष्ट रूप से उल्लेख किया जाना चाहिए। मूल्यांकन का सेम्पल टैम्पलेट।

8. बाहर निकलने का रास्ता : स्टार्टअप के लिए भविष्य में हो सकने वाले अधिग्रहण और पार्टनर के साथ काम करने की सम्भावना सामने रखना, निवेशकों के निर्णय के लिए यह एक महत्वपूर्ण पैरामीटर बन जाता है।

9. प्रबन्धन और टीम : कम्पनी चलाने के लिए संस्थापक और प्रबन्धन टीम का काम करने का तरीक़ा और उनका लगाव ऊपर दिये गये सभी कामों के अलावा उतना ही अधिक महत्त्वपूर्ण है।

स्टार्टअप में निवेश करने पर निवेशक को रिटर्न कैसे मिलता है?

बाहर निकलने के विभिन्न कारणों के साथ निवेशक स्टार्टअप में किये गये निवेश पर रिटर्न के बारे में भी समझते हैं। आदर्श रूप से, वेंचर कैपिटलिस्ट फर्म या किसी उद्यमी से निवेश की शुरुआत से पहले चर्चा के दौरान बाहर निकलने के विकल्पों पर भी चर्चा होनी चाहिए। अच्छी परफॉर्मेंस, प्रबन्धन और संगठन की प्रक्रियाओं में श्रेष्ठ और ज़बर्दस्त ग्रोथ वाले स्टार्टअप के पास दूसरे स्टार्टअप की तुलना में बाहर निकलने का प्लान तैयार रहता है।

वेंचर कैपिटल और प्राइवेट इक्विटी फंड को फंड की लाइफ ख़त्म होने से पहले अपने सभी निवेश से बाहर निकल जाना चाहिए। बाहर निकलने के मुख्य तरीक़े निम्न हैं :

1. विलय और अधिग्रहण : निवेशक, पोर्टफोलियो कम्पनी बाज़ार में किसी अन्य कम्पनी को बेचने का फ़ैसला कर सकता है। उदाहरण : दक्षिण अफ्रीका की दिग्गज इंटरनेट और मीडिया कम्पनी नेस्पर्स ने 140 मिलियन डॉलर में रेडबस का अधिग्रहण किया और इसे अपने भारत के आईबीआईबीओ ग्रुप के साथ जोड़ दिया। ऐसा करके कम्पनी ने अपने निवेशकों, सीड फंड, इन्वेंटस कैपिटल पार्टनर्स और हेलियन वेंचर पार्टनर्स को बाहर निकलने का विकल्प दिया।

2. आईपीओ : किसी प्राइवेट कम्पनी द्वारा स्टॉक के रूप में लोगों के लिए पहली बार इनीशियल पब्लिक ऑफ़र लाया जाता है। यह पूँजी जुटाने या विस्तार के लिए प्राइवेट कम्पनियों द्वारा जारी होता है, स्टार्टअप ऑर्गेनाइजेशन से बाहर निकलने के लिए यह निवेशकों का सबसे पसन्दीदा विकल्प है।

3. वित्तीय निवेशकों के लिए निकासी : निवेशक अपना निवेश किसी अन्य वेंचर कैपिटल या प्राइवेट इक्विटी फर्म को बेच सकते हैं।

4. डिस्ट्रेस्ड सेल : स्टार्टअप में वित्तीय कठिनाई के समय में, निवेशक व्यवसाय को किसी अन्य कम्पनी या वित्तीय संस्थान को बेचने का निर्णय भी ले सकता है।

5. बायबैक : स्टार्टअप के संस्थापक फंड से अपने निवेश को भी ख़रीद सकते हैं।

टर्म शीट क्या है?

टर्म शीट, डील के शुरुआती चरण में वेंचर कैपिटल फर्म द्वारा दिये गये प्रस्तावों की 'नॉन बाइंडिंग' (ग़ैर–बाध्यकारी) सूची है। इसमें इनवेस्टमेंट फर्म और स्टार्टअप के बीच हुई डील के मुख्य बिन्दुओं का सारांश होता है।

भारत में वेंचर कैपिटल ट्रांजैक्शन के लिए टर्म शीट के तौर पर चार संरचनात्मक प्रावधान हैं : मूल्यांकन, निवेश और प्रबन्धन का ढाँचा, और शेयर पूँजी में बदलाव।

1. मूल्यांकन : स्टार्टअप मूल्यांकन, कम्पनी की कुल क़ीमत होती है, जिसका आकलन एक पेशेवर मूल्यांकनकर्ता करता है। स्टार्टअप कपनी का मूल्यांकन करने के कई तरीक़े हैं जैसे डुप्लीकेट एप्रोच, मार्केट मल्टीपल एप्रोच, डिस्काउंटेड कैश फ्लो एनालिसिस (डीसीएफ) और विभिन्न चरणों के आधार पर मूल्यांकन। निवेशक, स्टार्टअप की मार्केट मेच्योरिटी और निवेश के स्तर के आधार पर अपना मूल्यांकन करते हैं।

2. निवेश का स्वरूप : यह दिखाता है कि वेंचर कैपिटल ने स्टार्टअप में किस तरह का निवेश किया है। इक्विटी के ज़रिये, कर्ज या फिर दोनों।

3. प्रबन्धन ढाँचा : टर्म शीट में, कम्पनी के प्रबन्धन ढाँचे में बोर्ड के निदेशकों की संरचना, नियुक्ति और उन्हें पद से हटाने सम्बन्धी प्रक्रिया का विवरण दिया होता है।

4. शेयर पूँजी में बदलाव : स्टार्टअप में निवेश करने वाले निवेशकों की अपनी समय सीमा होती है। इसी के अनुसार वह बाहर निकलने की सम्भावनाओं को तलाशते हुए राउंड ऑफ़ फंडिंग यानी धीरे–धीरे निवेश का विकल्प खुला रखते हैं। टर्म शीट, कम्पनी की शेयर पूँजी में आने वाले परिवर्तनों के सम्बन्ध में हिस्सेदारों के अधिकार और उनके दायित्वों के बारे में भी बताती है।

❐❐